交通技工院校汽车运输类专业新课改教材

汽车变速器与驱动桥检修
（第2版）

（汽车维修专业用）

戴良鸿　主　编
王　雷　副主编
杨永先　主　审

人民交通出版社股份有限公司
北　京

内 容 提 要

本书是交通技工院校汽车运输类专业新课改教材之一，主要介绍了摩擦片式离合器的检修、手动变速器的检修、自动变速器的检修、传动轴及驱动桥的检修以及新能源汽车变速器与驱动桥的检修等相关内容。

本书是交通技工院校、中等职业学校汽车维修专业的核心课程教材，也可作为汽车维修专业技术等级考核及培训用书和相关技术人员的参考用书。

图书在版编目(CIP)数据

汽车变速器与驱动桥检修/戴良鸿主编. — 2版. —北京:人民交通出版社股份有限公司, 2021.12
ISBN 978-7-114-17706-4

Ⅰ.①汽… Ⅱ.①戴… Ⅲ.①汽车—变速装置—车辆修理—教材②汽车—驱动桥—车辆修理—教材 Ⅳ.①U472.41

中国版本图书馆 CIP 数据核字(2021)第 233566 号

QICHE BIANSUQI YU QUDONGQIAO JIANXIU

书　　名:	汽车变速器与驱动桥检修(第2版)
著 作 者:	戴良鸿
责任编辑:	郭　跃
责任校对:	孙国靖　卢　弦
责任印制:	张　凯
出版发行:	人民交通出版社股份有限公司
地　　址:	(100011)北京市朝阳区安定门外外馆斜街3号
网　　址:	http://www.ccpcl.com.cn
销售电话:	(010)59757973
总 经 销:	人民交通出版社股份有限公司发行部
经　　销:	各地新华书店
印　　刷:	北京市密东印刷有限公司
开　　本:	787×1092　1/16
印　　张:	16.25
字　　数:	277 千
版　　次:	2013年7月　第1版 2021年12月　第2版
印　　次:	2021年12月　第2版　第1次印刷　总第4次印刷
书　　号:	ISBN 978-7-114-17706-4
定　　价:	42.00元

(有印刷、装订质量问题的图书由本公司负责调换)

第2版前言

为适应社会经济发展和汽车运用与维修专业技能型人才培养的需求,交通职业教育教学指导委员会汽车(技工)专业指导委员会陆续组织编写了汽车维修、汽车营销、汽车检测等专业技工、高级技工及技师教材,受到广大职业院校师生的欢迎。随着职业教育教学改革的不断深入,职业学校对课程结构、课程内容及教学模式提出了更高、更新的要求。《国家职业教育改革实施方案》提出"引导行业企业深度参与技术技能人才培养培训,促进职业院校加强专业建设、深化课程改革、增强实训内容、提高师资水平,全面提升教育教学质量"。为此,人民交通出版社股份有限公司根据职业教育改革相关文件精神,组织全国交通类技工、高级技工及技师类院校再版修订了本套教材。

此次再版修订的教材总结了交通技工类院校多年来的汽车专业教学经验,将职业岗位所需要的知识、技能和职业素养融入汽车专业教学中,体现了职业教育的特色。本版教材改进如下:

1. 教材编入了汽车行业的最新知识、新技术、新工艺,更新现有标准规范,同时注意新设备、新材料和新方法的介绍,删除了上一版中陈旧内容,替换了老旧车型,并新增了新能源汽车变速器与驱动桥的检修等相关内容。

2. 对上一版中错漏之处进行了修订。

本书由江苏汽车技师学院戴良鸿担任主编,江苏汽车技师学院王雷担任副主编,项目一由戴良鸿编写,项目二、项目四由王雷编写,项目三由江苏汽车技师学院史赛赛编写,项目五由江苏汽车技师学院的陈志强和冯文茜进行编写。在本书编写过程中,得到了部分汽车修理厂家和汽车4S店的支持,在此表示感谢。

限于编者经历和水平,教材内容难以覆盖全国各地中等职业学校的实际情况,希望各学校在选用和推广本系列教材的同时,注重总结教学经验,及时提出修改意见和建议,以便再版修订时改正。

编 者
2021年8月

目　录

项目一　离合器的检修 ··· 1

 课题一　离合器踏板位置的检查和调整 ··· 1
 课题二　离合器油的检查和更换 ··· 10
 课题三　离合器分离不彻底故障的诊断与排除 ·· 21

项目二　手动变速器的检修 ··· 31

 课题一　手动变速器油的检查和更换 ··· 31
 课题二　手动变速器换挡困难故障的诊断与排除 ··· 43

项目三　自动变速器的检修 ··· 71

 课题一　自动变速器油的检查和更换 ··· 72
 课题二　驻车挡/空挡位置开关的检查和调整 ·· 78
 课题三　故障警告灯点亮的诊断 ··· 83
 课题四　液压控制系统的检修 ··· 96
 课题五　电子控制系统的检修 ··· 113
 课题六　液力变矩器的检修 ·· 133
 课题七　换挡执行元件的检修 ··· 142
 课题八　行星齿轮机构的检修 ··· 151

项目四　传动轴及驱动桥的检修 ·· 166

 课题一　传动轴(前轮驱动)防尘罩的检查和更换 ·· 167
 课题二　传动轴(后轮驱动)抖动故障的诊断与排除 ······································· 185
 课题三　驱动桥(后轮驱动)异响故障的诊断与排除 ······································· 197

项目五　新能源汽车变速器与驱动桥的检修 ……………………………………… 225

　课题一　更换新能源汽车动力总成减速器油 ………………………………… 225
　课题二　纯电动汽车前驱减速器的检修 ……………………………………… 230
　课题三　混合动力电动汽车变速驱动桥的检修 ……………………………… 243

参考文献 …………………………………………………………………………… 252

项目一　离合器的检修

 项目描述

　　手动变速器车辆,在进行起步、换挡等操作时,都要用到离合器。离合器可以保证汽车良好的起步性能,平稳换挡。它的构造、工作原理到底如何? 这是我们要学习的。汽车离合器在行驶过程中经常会出现分离不彻底、打滑、异响等故障。这些故障的原因除操纵机构以外,很大一部分原因是由于离合器的压盘、摩擦片、分离轴承(俗称离合器三件套)所导致的。为了解决这些有关离合器的常见故障,我们需要学习并掌握以下理论知识和操作技能。

项目要求

1. 了解离合器的作用;
2. 掌握离合器的结构;
3. 了解离合器的常见故障及其产生原因;
4. 掌握离合器的工作原理;
5. 能正确地使用维修工具和设备;
6. 能按技术要求完成离合器的分解、零件清洗、零件检验工作;
7. 能按技术要求掌握离合器压盘和从动盘的检查与更换方法;
8. 能按技术要求装配、调整离合器;
9. 能按要求检查、调整离合器踏板的自由行程。

 离合器踏板位置的检查和调整

 学习目标

完成本课题学习后,你应能:

1. 了解离合器的作用；
2. 掌握离合器的工作原理；
3. 正确地使用维修工具和设备；
4. 按要求检查、调整离合器踏板的自由行程。

 建议课时

2 课时。

学习任务（情境）描述

一辆丰田卡罗拉型轿车车主反映：在汽车起步时，将离合器踏板踩到底仍感到挂挡困难，虽然能强行挂上挡，但不放松踏板就向前驶动或造成发动机熄火。需要你对离合器进行检测，确定故障部位并进行修理。

学习内容

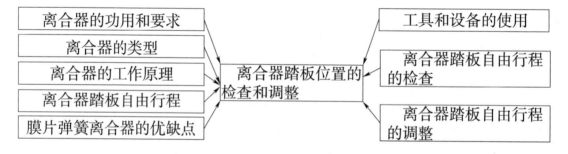

一、资料收集

1. 离合器的功用和要求

1）离合器的功用

离合器是汽车传动系中直接与发动机相连接的部件，用来分离或接合发动机与变速器之间的动力传递，其功能是：

（1）使发动机与传动系逐渐接合，保证汽车平稳起步；

（2）暂时切断发动机的动力传动，保证变速器换挡平顺；

（3）限制所传递的转矩，防止传动系过载。

2）对离合器的要求

根据离合器的功用，它应满足下列要求：

（1）具有合适的储备能力，既能保证传递发动机的最大转矩，又能防止传动

系过载;

(2)接合平顺柔和,以保证汽车平稳起步;

(3)分离迅速彻底,便于发动机起动和变速器换挡;

(4)具有良好的散热能力。由于离合器接合过程中,主、从动部分有相对的滑转,频繁使用时会产生大量的热量,如散热不良,会严重影响其使用寿命和工作的可靠性;

(5)操纵轻便,以减轻驾驶员的疲劳;

(6)从动部分的转动惯量应尽量小,以减小换挡时的冲击。

2. 离合器的类型

(1)按结构原理不同,离合器可分为摩擦式离合器和液力式离合器。

(2)按照从动盘数目不同,摩擦式离合器又可分为单片离合器、双片离合器和多片离合器。

(3)按压紧弹簧的形式不同,摩擦式离合器可分为螺旋弹簧式、膜片弹簧式。

(4)按操纵机构方式不同,摩擦式离合器可分为机械式和液压式两种,在这两种操纵机构基础上,一些汽车还采用了弹簧助力或气压助力装置。

3. 离合器的工作原理

离合器盖—压盘总成在没有固定到发动机飞轮上之前,离合器盖与飞轮端面之间有一定的距离 L,此时膜片弹簧不受力,处于自由状态,如图1-1-1所示。

当离合器盖上的安装螺栓被紧固后,从动盘和压盘迫使膜片弹簧以右侧支撑环为支点发生弹性变形,这样膜片弹簧的外缘对压盘和从动盘就产生了压紧力,此时离合器就处于接合状态,如图1-1-2所示。

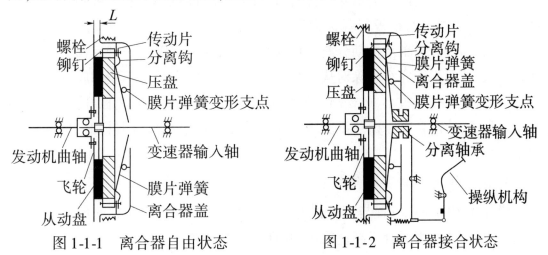

图1-1-1 离合器自由状态　　　图1-1-2 离合器接合状态

分离时,分离轴承推动膜片弹簧内端前移,膜片弹簧便以左侧支撑环为支点进一步变形,其外缘便通过分离钩将压盘向后拉动,使离合器分离,如图1-1-3所示。

4. 离合器踏板自由行程

由离合器的工作原理可知,当从动盘摩擦片磨损变薄后,为了保证离合器能处于接合状态,传递发动机转矩,则压盘必须向前移动。此时膜片弹簧(或分离杠杆)外端和压盘一起向前移,其内端向后移。如果膜片弹簧(或分离杠杆)与分离轴承之间没有间隙,则由于机械式操纵机构的干涉作用,压盘最终无法前移,即导致离合器不能接合,出现打滑现象。为此,在离合器膜片弹簧(或分离杠杆)内端与分离轴承之间预留一定的间隙(一般为几毫米),这个间隙称为离合器的自由间隙,如图1-1-4所示。

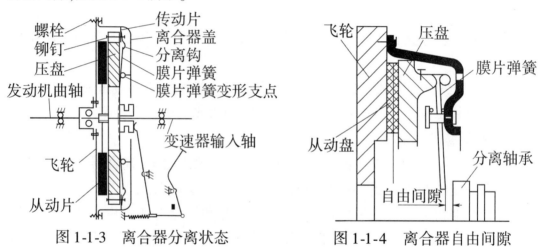

图1-1-3　离合器分离状态　　　　　图1-1-4　离合器自由间隙

离合器分离过程中,为消除离合器自由间隙和分离机构、操纵机构零件的弹性变形所需要踩下的踏板行程称为离合器踏板自由行程。自由行程过大,踩下离合器踏板时,分离轴承推动分离杠杆前移的距离缩短,因而压盘后移的距离也随之缩短,从而不能完全解除对从动盘的压紧力,造成离合器不能彻底分离致使换挡困难;自由行程过小,放松离合器踏板时,分离轴承仍与分离杠杆保持接触,并随之移动,使离合器摩擦片不能压紧在主动盘上而引起离合器打滑,甚至起步困难。

5. 膜片弹簧离合器的优缺点

膜片弹簧的安装位置与离合器的旋转轴线完全对称,因此它的压紧力不会受离心力的影响,很适合于高速旋转,并且现今制造膜片弹簧的工艺水平不断提高,因而这种离合器在汽车上的应用越来越多,特别是轿车已全部采用了膜片弹簧离合器。膜片弹簧离合器具有以下优点。

1) 膜片弹簧离合器转矩容量大且较稳定

如图 1-1-5 所示为摩擦离合器中两种压紧弹簧(膜片弹簧与螺旋弹簧)的弹性特性。在离合器盖总成中的螺旋弹簧处于预压紧状态,其弹簧特性曲线如图中曲线 1 所示。膜片弹簧的弹性特性曲线如图中曲线 2 所示。假如所设计的两种离合器的压紧力均相同,即压紧力均为 p_b,轴向压缩变形量为 λ_b。当摩擦片磨损量达到容许的极限值 $\Delta\lambda'$ 时,弹簧压缩变形量减小到 λ_a。此时,螺旋弹簧压紧力降低到 $p_{a'}$。$p_{a'} < p_b$,两值相差较大,将使离合器中压紧力不足而产生滑磨,而膜片弹簧压紧力则只降低到与 p_b 相差很小的 p_a,使离合器仍能可靠地工作,不至于产生滑磨。可见,膜片弹簧离合器比螺旋弹簧离合器转矩容量大,一般大 15% 左右。

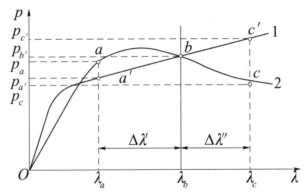

图 1-1-5 摩擦式离合器两种压紧弹簧的弹性特性
1-螺旋弹簧;2-膜片弹簧

2) 操纵轻便

当分离离合器时,分离轴承将压紧弹簧进一步压缩,由图看出,如图两种弹簧的压缩量均为 $\Delta\lambda'$ 时,其膜片弹簧所需要的作用力为 p_c,比螺旋弹簧所需要的作用力 $p_{c'}$ 减少 25% ~ 30%,与离合器压盘的分离力方向一致;而且在膜片弹簧离合器中,还因无分离杠杆装置,减少了这部分杆件的摩擦损失。因此,膜片弹簧离合器的操纵轻便。

3) 结构简单且紧凑

膜片弹簧的碟簧部分起压紧弹簧的作用,而分离指则起分离杠杆作用。这样,膜片弹簧不仅取代了周布螺旋弹簧离合器中的多个螺旋弹簧,而且也省去了多组分离杠杆装置,零件数目减少,质量也减少。

在满足相同压紧力的情况下,膜片弹簧的轴向尺寸较螺旋弹簧小。在有限的空间内便于布置,使离合器的结构更为紧凑。

4）高速时平衡性好

膜片弹簧是圆形旋转对称零件，平衡性好。在高速时，其压紧力降低很少，而周置的螺旋弹簧在高速下，因受离心力作用会产生横向挠曲，螺旋弹簧严重鼓出，从而降低对压盘的压紧力。

5）散热通风性能好

在离合器轴向尺寸相同的情况下，膜片弹簧离合器可以采用较厚的压盘，以保证有足够的热容量，同时也便于在压盘上设散热筋。此外，在膜片弹簧离合器盖上可开有较大的通风口，而且零件数目少，更有利于实现良好的散热通风。

6）摩擦片的使用寿命长

由于膜片弹簧以整个圆周与压盘接触，使摩擦片上的压力分布均匀，接触良好，磨损均匀，再加上膜片弹簧离合器的散热性能好，从而提高了摩擦片的使用寿命。

膜片弹簧离合器的缺点是：膜片在制造上有一定难度，因为它对弹簧钢片的尺寸精度、加工和热处理条件等要求比较严格。在结构上，分离指部分的刚度较低，使分离效率降低热；分离指根部易形成应力集中，使碟簧部分的应力增大，容易产生疲劳裂纹而损坏；分离指舌尖部易磨损，而且难以修复。

二、实训操作

（一）事前准备

1. 收集资料，确定修理方案

依据维修手册及生产实际，需对离合器踏板进行检查、调整。

2. 整理工位，准备机具、工具、量具及设备

（1）汽车进入工位前，将工位清理干净，准备好相关的器材。

（2）将汽车停驻在举升机中央位置。

（3）拉紧驻车制动器操纵杆。

（4）套上转向盘护套、变速杆手柄套和座椅套，铺设脚垫。

（5）在车内拉动发动机舱盖手柄，在车外打开并支撑发动机舱盖。

（6）粘贴翼子板和前机盖磁力护裙。

（二）作业内容

以丰田卡罗拉1.6L，手动传动桥（手动变速器的驱动桥，动力传动总成）为例，执行离合器踏板的检查、调整作业。

1. 检查并调整离合器踏板高度

(1) 翻起地毯。

(2) 检查并确认踏板高度,如图 1-1-6 所示。

踏板距离地板的高度应为 143.6～153.6mm,如不符合要求应调整。

(3) 松开锁紧螺母并转动限位螺栓直至获得正确高度。

(4) 拧紧锁紧螺母,拧紧力矩为 16N·m。

2. 检查离合器踏板自由行程和推杆行程

(1) 检查并确认踏板自由行程和推杆行程正确,如图 1-1-7 所示。

①踩下踏板直至开始感觉到离合器有阻力。

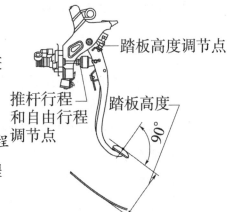

图 1-1-6　检查踏板高度

技术要求:踏板自由行程为 5.0～15.0mm。

②轻轻踩下踏板直至阻力开始增大。

踏板顶端处的推杆行程为 1.0～5.0mm。

(2) 如果有必要,调整踏板自由行程和推杆行程。

①松开锁紧螺母并转动推杆直至获得正确的踏板自由行程和推杆行程。

②拧紧锁紧螺母,拧紧力矩为 12N·m。

③调整好踏板自由行程后,检查踏板高度。

3. 检查离合器分离点

(1) 检查离合器分离点,如图 1-1-8 所示。

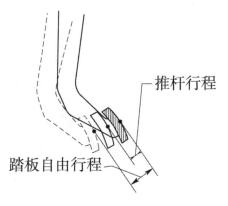

图 1-1-7　检查踏板自由行程

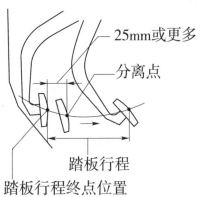

图 1-1-8　检查分离点

①拉紧驻车制动器操纵杆并安装车轮止动楔。
②起动发动机并使其急速运转。
③未踩下离合器踏板时,缓慢移动换挡杆至倒挡,直至与齿轮接触。
④逐渐踩下离合器踏板,并测量从齿轮噪声停止点(分离点)到踏板行程终点位置的行程距离。

技术要求:标准距离为25mm或更长(从踏板行程终点位置到分离点)。

(2)如果该距离不符合规定,则执行以下程序:
①检查踏板高度。
②检查推杆行程和踏板自由行程。
③对离合器管路进行放气。
④检查离合器盖和离合器盘。

4. 检查、调整拉锁式操纵机构离合器自由行程

1)离合器踏板自由行程的检查

如图1-1-9所示为离合器踏板自由行程的检查,用手轻压离合器踏板,并在感到有阻力时用踏板自由行程尺或直尺测量踏板的下降距离。

2)离合器踏板自由行程的调整

离合器踏板自由行程应为15～25mm,如不符合要求,应进行调整。其调整是靠离合器拉索的调整来进行,具体可通过旋转如图1-1-10箭头所示的调整螺母来改变分离轴承与分离杠杆内端之间的间隙。将调整螺母逆时针转动,踏板自由行程加大;反之,自由行程减小。另外,调整时应注意分离叉传动臂支架之间的距离α为200mm±5mm,如该距离不当,可将分离叉传动臂固定螺母松开,将传动臂从分离叉支撑上取下,转过一个角度后装复,直至该距离达到标准为止。

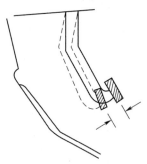

图1-1-9　离合器踏板自由行程的检查

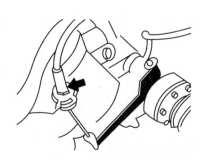

图1-1-10　离合器踏板自由行程的调整

三、评价与反馈

班 级		姓 名		学 号		日 期	

课题一　离合器踏板位置的检查和调整

一、相关知识

1. 离合器的作用与要求有哪些？

2. 离合器踏板自由行程的作用是什么？

二、操作内容

1. 请根据你所检查的实际情况填写以下内容：

(1) 检查并确认踏板高度应为_____ ~ _____ mm，如不符合要求应调整。

(2) 离合器踏板自由行程应为_____ mm，推杆行程应为_____ mm。

(3) 检查离合器分离点，从踏板行程终点位置到分离点其标准距离应为_____ mm。

2. 请总结离合器踏板检查、调整的主要注意事项。

三、评价反馈

1. 学生自我评价该课题的完成情况：

2. 学生建议(含对教师的评价、要求及教学建议等)：

成绩评定		教师	

知识拓展

1. 请根据客户报修内容，编写修理方案。

报修内容：一辆丰田威驰汽车，行驶里程为49 482km，当发动机怠速运转时，离合器踏板已踩到底,但挂挡仍很困难,变速器齿轮有撞击声。偶尔挂上挡后,尚未放松离合器踏板,汽车已行驶或熄火。车主将车开到4S店,服务顾问初步判定为离合器故障,请你对离合器进行检测,确定故障部位并进行修理。请编写该车的修理方案。

2. 分析离合器自由行程如果过大或过小会有什么危害。

课题二　离合器油的检查和更换

 学习目标

完成本课题学习后,你应能:

1. 掌握液压操纵式离合器的组成结构;
2. 掌握液压操纵式离合器的工作原理;
3. 正确地使用维修工具和设备;
4. 按技术要求完成液压油的检查、更换;
5. 掌握液压操纵式离合器油液的添加与放气方法。

 建议课时

2课时。

 学习任务（情境）描述

汽车使用的离合器油多为醇醚类化合物或酯类油,由于其具有一定的吸湿性,在使用一段时间后,会因吸入水分而使其沸点降低,易在使用时形成气阻,使离合器出现故障。因此,到规定的使用期限(2年)时,应更换离合器油。现代轿车中多数离合器油与制动液共用一个油壶,使用同样的油液,所以也称制动液。

项目一　离合器的检修

> 学习内容

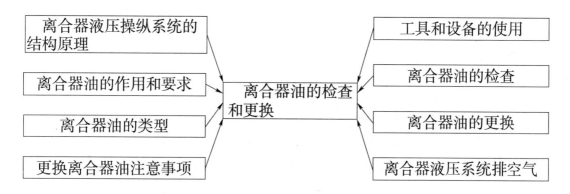

一、资料收集

1. 离合器液压操纵系统的结构

现代轿车的离合器操纵系统不是采用拉索式,而是采用液压操纵系统。采用液压操纵系统具有摩擦阻力小、布置方便、质量小、接合柔和、在长期工作中不会引起离合器踏板力明显增加、减轻驾驶员的劳动强度等优点。

离合器液压操纵系统由离合器踏板、储液罐、进油软管、离合器主缸、离合器工作缸、油管总成、分离叉、分离轴承等组成,如图 1-2-1 所示。

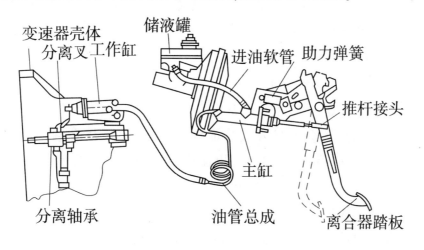

图 1-2-1　离合器液压操纵系统

离合器工作缸结构如图 1-2-2 所示。工作缸内装有活塞、皮碗、推杆等,缸体上还设有放气螺塞。当管路内有空气存在而影响操纵时,可拧出放气螺塞进行放气。

工作缸活塞直径为 22.2mm,主缸活塞直径为 19.05mm,由于工作缸活塞直径略大于主缸活塞直径,故液压系统稍有增力作用,以补偿液流通道的压力损失。

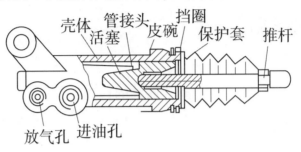

图 1-2-2　离合器工作缸结构

2. 离合器液压式操纵机构的工作过程

(1) 分离过程:当踩下离合器踏板时,离合器主缸推杆推动主缸活塞,离合器主缸产生油压,压力油经油管使工作缸的活塞推出,经推杆推动分离叉,再推移分离轴承等,使离合器分离。

(2) 接合过程:当放松离合器踏板时,踏板复位弹簧将踏板拉回,离合器主缸油压消失,各机件复原,使离合器接合。

(3) 补偿过程:当管路系统渗入空气时,可利用补偿孔来排除渗入的空气。补偿过程如下:当踩下离合器踏板难以使离合器分离时,可迅速放松踏板,在踏板复位弹簧的作用下,主缸活塞快速右移。储液罐中的油液从补偿孔经主缸活塞上的止回阀流入活塞左面;再迅速踩下踏板,工作缸活塞前移,以弥补因从动盘磨损或系统渗入少量空气后引起的在相同踏板位置工作缸活塞移动量的不足,从而保证离合器的正常工作。

3. 离合器油的作用和要求

汽车使用的离合器油多为醇醚类化合物或酯类油,由于其具有一定的吸湿性,在使用一段时间后,会因吸入水分而使其沸点降低,易在制动时形成气阻。因此,到规定的使用期限(2年)时,应更换离合器油。现代轿车中多数离合器油与制动液共用一个油壶,因此也是制动。

1) 离合器油的作用

汽车离合器油是在汽车离合器液压操作系统中传递压力,使驾驶员操作轻便的一种功能性液体。汽车离合器油的质量状况直接关系到车辆的行驶安全。如果使用的离合器油质量低劣,则会因发生高温气阻、低温离合器工作迟缓而导致汽车故障,而引起交通事故。

2)离合器油的性能要求

对汽车离合器油的性能要求如下:黏温性好,凝固点低,低温流动性好;沸点高,高温下不产生气阻;使用过程中品质变化小,不引起金属件和橡胶件的腐蚀和变质。

4. 汽车离合器油的类型

前面述及,现代大多数汽车离合器油就是制动液,该制动液又分为合成型、醇型、矿物型三种。

合成型制动液分为 4603、4603-1(适用于载货汽车)和 4604(适用于轿车)三种。其具备很多优点:较高的沸点,不易因蒸发而产生气阻;良好的低温流动性,不因低温而黏度增大、流动性变差,导致制动发硬;吸水性小,不影响沸点和低温流动性;良好的化学稳定性,对金属有防腐、防锈作用,不易分解变质而产生沉淀物;对橡胶件的腐蚀和溶胀性小,以保证密封件不会严重变形等。

醇型制动液不能满足严寒或炎热地区车辆使用的要求,行车安全性差,可用于国产老式车。

矿物型制动液润滑性好,无腐蚀,但对橡胶有溶胀作用。使用时,需将制动系统换用耐油橡胶件。其中,7 号矿物油制动液可在严寒地区使用。国内炼油厂研制的新的制动液,标准分类为 JC0、JC1、JC2、JC3、JC4、JC5 六个级别,序号越大,沸点越高,高温抗气阻性越好,制动安全性也越高。

5. 更换离合器油(制动液)注意事项

1)选用汽车制动液注意事项

(1)注意车型及所使用的制动液型号。

(2)尽量使用合成型制动液,并选对等级。

(3)最好使用专业设备进行更换,以便更彻底地更换,不残留杂质,同时避免出现气阻。

2)更换制动液注意事项

(1)当制动液中混有矿物质时,应全部更换。

(2)不同类型或不同牌号的制动液不得混合使用。对有特殊要求的制动系统,应加注特定牌号的制动液。

(3)必须为全新且未曾使用过的制动液。

(4)车辆正常行驶 5 万 km 或制动液连续使用超过 2 年,制动液长期使用后出现变质或黏稠时,均应予更换。

(5)确保制动液不会滴到涂漆表面上,因为这可能会造成腐蚀和损坏。

(6)使用合适的容器收集使用过的制动液并进行正确处理。

(7)制动液有毒,请将其存放在原装密封容器内并放到儿童接触不到的地方。

二、实训操作

(一)事前准备

1. 收集资料,确定修理方案

依据维修手册及生产实际,需对离合器油进行检查、更换。

2. 整理工位,准备机具、工具、量具及设备

(1)汽车进入工位前,将工位清理干净,准备好相关器材。

(2)将汽车停驻在举升机中央位置。

(3)拉紧驻车制动器操纵杆。

(4)套上转向盘护套、变速杆手柄套和座椅套,铺设脚垫。

(5)在车内拉动发动机舱盖手柄,在车外打开并支撑发动机舱盖。

(6)粘贴翼子板和前机盖磁力护裙。

(二)作业内容

以丰田卡罗拉1.6L轿车为例,执行离合器油的检查、更换作业。

1. 车上检查

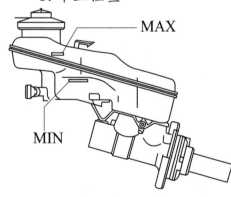

图 1-2-3 检查制动液液位

检查储液罐中的制动液液位。制动液液位应在 MIN 和 MAX 线之间,如图 1-2-3 所示。检查是否泄漏,并检查盘式制动器摩擦块。如有必要,维修或更换后重新向储液罐加注制动液。制动液应选用 SAE J1703 或 FMVSS No.116DOT3。

2. 更换离合器油(制动液)

如果对制动系统执行了任何操作或怀疑制动管路中有空气,应对制动系统进行放气。

注意:对制动系统进行放气前,将换挡杆移至 P 挡位置并拉紧驻车制动器。

对制动系统进行放气的同时,添加制动液,使储液罐的液面保持在 MIN 和 MAX 线之间。

如果制动液泄漏在任何涂漆表面上,应立即清洗干净。

1)拆卸中间前围板上通风栅板

(1)滑动发动机舱盖至前围上密封,并松开卡子,如图1-2-4所示。

(2)脱开5个卡爪并拆下中间前围板上通风栅板,如图1-2-5所示。

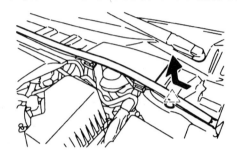 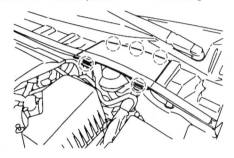

图1-2-4　松开卡子　　　　图1-2-5　拆卸通风栅板

2)安装制动液抽吸工具

如图1-2-6所示,用抽吸工具从制动主缸的储液罐中排放制动液。

3)安装制动液更换工具

用制动液更换工具更换制动液,如图1-2-7所示。

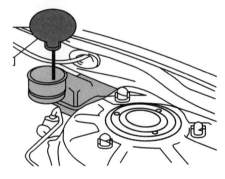 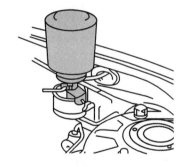

图1-2-6　安装制动液抽吸工具　　　图1-2-7　安装制动液更换工具

4)加注制动液

加注顺序:左前—左后—右后—右前,如图1-2-8所示。

使用制动液更换工具,按照左前、左后、右后、右前顺序更换制动液。

3.对离合器液压操作机构进行放气

注意:如果离合器油接触到任何涂漆表面,请立即进行清洗。

提示:如果要对离合器系统进行任何操作或怀疑离合器管路内有空气进入,则应对离合器液压系统进行放气。

(1)拆下放气螺塞盖。

(2) 将塑料管连接至放气螺塞。

(3) 踩下离合器踏板数次,并在踩下踏板时松开放气螺塞,如图1-2-9所示。

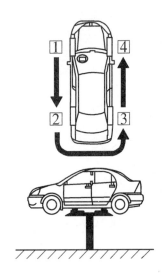
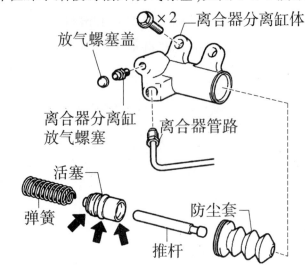

图1-2-8　加注制动液顺序　　　　　图1-2-9　放气螺塞

(4) 离合器油不再外流时,拧紧放气螺塞,然后松开离合器踏板。

(5) 重复前两步操作直至离合器油中的空气全部放出。

(6) 拧紧放气螺塞,拧紧力矩为8.3N·m。

(7) 安装放气螺塞盖。

(8) 检查并确认离合器管路中的空气已全部放出。

4. 对制动系统进行放气

注意:如果制动主缸重新安装过或储液罐变空,则对制动主缸进行放气;用抹布或布片盖在涂漆表面上,以防止制动液黏附。

(1) 用连接螺母扳手(10mm)从主缸上断开两个制动管路,如图1-2-10所示。

(2) 缓慢踩下制动踏板,并踩住不放,如图1-2-11所示。

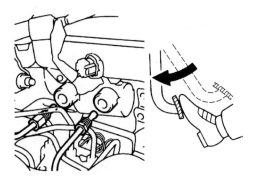

图1-2-10　断开制动管路　　　　　图1-2-11　缓慢踩下制动踏板

(3)用手指堵住两个外孔,并松开制动踏板,如图1-2-12所示。

(4)重复步骤(2)和(3)3~4次。

(5)用连接螺母扳手(10mm)将两个制动管路连接至主缸,如图1-2-13所示。

提示:不使用连接螺母扳手,拧紧力矩为15N·m;使用连接螺母扳手,拧紧力矩为14N·m。

注意:使用力臂长度为250mm的力矩扳手;当连接螺母扳手与力矩扳手平行时,力矩值有效。

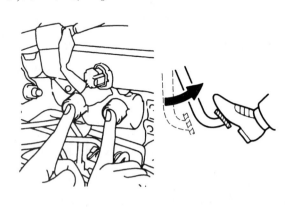

图1-2-12 用手指堵住两个外孔　　　图1-2-13 制动管路连接

5.对制动管路进行放气

注意:应首先对离主缸最远的车轮制动管路进行放气;对制动系统进行放气的同时,添加制动液,使储液罐的液面保持在MIN和MAX线之间。

(1)将塑料管连接至放气螺塞,如图1-2-14所示。

(2)踩下制动踏板数次,然后踩住踏板松开排气螺塞,如图1-2-15所示。

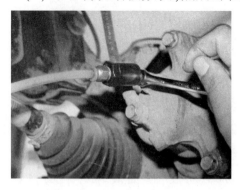 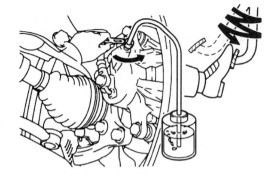

图1-2-14 连接放气软管　　　图1-2-15 松开放气螺塞

(3)制动液不再溢出时,紧固放气螺塞,然后松开制动踏板,如图1-2-16所示。

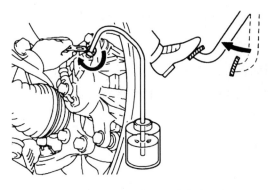

图1-2-16 紧固放气螺塞

(4) 重复步骤(2)和(3),直至制动液中的气体完全排出。

(5) 完全紧固放气螺塞。拧紧力矩:前放气螺塞为8.3N·m;后放气螺塞为10N·m。

(6) 对每个车轮均重复上述程序,从而对制动管路进行放气。

6. 对制动器执行器进行放气

制动系统放气后,如果不能获得制动踏板的规定高度或触感,则按以下步骤用智能检测仪对制动器执行器总成进行放气。

(1) 将点火开关置于OFF位置,踩下制动踏板20次以上。

(2) 将智能检测仪连接到DLC3,然后将点火开关置于ON(IG)位置。

注意:不要起动发动机。

(3) 接通智能检测仪并在屏幕上选择"AIR BLEEDING"。按照智能检测仪显示的步骤进行放气。

(4) 根据智能检测仪显示屏上的"Step1:Increase"进行放气。

注意:确保不要用完主缸储液罐的制动液;对制动系统进行放气的同时,添加制动液,使储液罐的液面保持在MIN和MAX线之间。

①将塑料管连接至任一个放气螺塞。

②踩下制动踏板数次,然后踩住制动踏板时松开连接在塑料管上的放气螺塞。

③制动液不再溢出时,紧固放气螺塞,然后松开制动踏板。

④重复步骤②和④直至制动液中的气体完全排出。

⑤完全紧固放气螺塞。

⑥对其余车轮重复上述步骤,以排出制动管路中的空气。

(5) 根据智能检测仪显示屏上的"Step2:Inhalation"对吸液管路进行排气。根据智能检测仪上显示的步骤,对吸液管路进行排气。

注意:对制动系统进行排气的同时,添加制动液,使储液罐的液面保持在MIN和MAX线之间。

①在右前轮或右后轮的放气螺塞上连接一根塑料管,然后松开放气螺塞,如图1-2-17所示。

②用智能检测仪对制动器执行器总成进行排气。

注意:在此步骤中务必要松开制动踏板;执行器操作在4s内自动停止。

③参考智能检测仪显示屏,检查并确认执行器操作已停止并紧固放气螺塞,如图1-2-18所示。

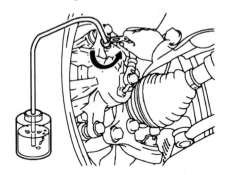 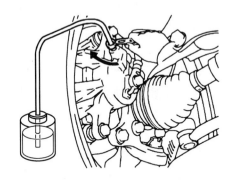

图 1-2-17　连接软管　　　　图 1-2-18　制动执行器排气

④重复步骤②和③直至制动液中的气体完全排出。

⑤完全紧固放气螺塞。

⑥按上述相同的步骤对其余车轮进行排气。

(6)根据智能检测仪显示屏上的"Step 3:Decrease"对减压管路进行排气。根据智能检测仪上显示的步骤,对减压管路进行排气。

注意:对制动系统进行排气的同时,添加制动液,使储液罐的液面保持在MIN 和 MAX 线之间。

①将塑料管连接至任一个放气螺塞。

②松开放气螺塞。

③保持制动踏板完全踩下,用智能检测仪操作制动器执行器总成。

注意:执行器操作在4s内自动停止。连续执行该程序时,至少需要20s的时间间隔。

操作完成后,制动踏板会稍微下降,这是电磁阀打开时的正常现象。

操作本程序期间,制动踏板会显得沉重,但仍应完全踩下制动踏板使制动液能够从放气螺塞流出。

确保踩住制动踏板不放,禁止反复踩下和松开踏板。

④紧固放气螺塞,然后松开制动踏板。

⑤重复步骤②至④直至制动液中的气体全部排出。

⑥完全紧固放气螺塞。

⑦对其余制动器重复上述步骤,以排出制动管路中的空气。

(7)根据智能检测仪显示屏上的"Step4:Increase"再对制动管路进行排气。按照智能检测仪显示的步骤进行排气。

注意:对制动系统进行排气的同时,添加制动液,使储液罐的液面保持在MIN和MAX线之间。

操作步骤同前,完成智能检测仪上"AIR BLEEDING"操作后关闭检测仪,从DLC3上断开智能检测仪,将点火开关置于OFF位置。

7.检查制动液液位,查看是否泄漏

检查制动液液位,如果有必要则添加制动液。如果制动液泄漏,则紧固或更换漏液部件。

三、评价与反馈

班 级		姓 名		学 号		日 期	

课题二　离合器油的检查和更换

一、相关知识

1．离合器液压操作机构的组成:

2．离合器油的作用和分类:

二、操作内容

1．请根据你所检查的实际情况填写以下内容:
（1）检查储液罐中的制动液,制动液液位_____;
（2）制动液加注顺序为_____;
（3）制动系统的排气顺序为_____;
（4）离合器放气螺塞的拧紧力矩为_____ N·m;
（5）制动系统中制动管路放气螺塞的拧紧力矩是_____ N·m;
（6）离合器油一般_____更换一次。

2．请总结离合器液压操纵机构排气的主要注意事项。

续上表

三、评价反馈

1. 学生自我评价该课题的完成情况：

2. 学生建议（含对教师的评价、要求及教学建议等）：

| 成绩评定 | | 教师 | |

1. 查阅资料，了解更换离合器油时怎样进行双人作业配合。

2. 查阅资料，说明某些大型客车，如桂林大宇、扬州亚星等车型，在更换离合器油时有哪些要求和注意事项。

 离合器分离不彻底故障的诊断与排除

完成本课题学习后，你应能：

1. 掌握离合器的结构；
2. 了解离合器的常见故障及其产生的原因；
3. 正确地使用维修工具和设备；
4. 按技术要求完成离合器的分解、零件清洗、零件检验工作；
5. 按技术要求掌握离合器压盘和从动盘的检查与更换方法。

建议课时

4 课时。

学习任务（情境）描述

一辆丰田卡罗拉型轿车，车主反映，汽车用低速挡起步时，放松离合器踏板后，汽车不能起步或起步困难；汽车加速行驶时，车速不能随发动机转速的提高而提高，感到行驶无力，严重时产生焦煳味或冒烟等现象。需要你对离合器进行检测，确定故障部位并排除。

学习内容

一、资料收集

1. 离合器的结构

各类离合器的结构基本相同，都是由主动部分、从动部分、压紧装置和操纵机构四部分组成。

（1）主动部分：发动机飞轮、离合器盖和压盘是离合器的主动部分。如图 1-3-1 所示为离合器盖和压盘。

（2）从动部分：由离合器摩擦片总成和从动轴组成。离合器摩擦片总成由从动盘本体、摩擦片和减振器盘组成。从动轴就是变速器的一轴（输入轴）。如图 1-3-2 所示为离合器摩擦片总成。

（3）压紧装置：在膜片弹簧压力作用下，压盘压向飞轮，使飞轮和压盘与从动盘的两个摩擦面压紧。

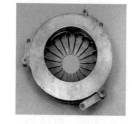

图 1-3-1　离合器盖和压盘

(4)操纵机构:是驾驶员借以使离合器分离或结合的一套机构。它起始于离合器踏板,终止于离合器壳内的分离轴承,包括离合器踏板、分离拉杆、分离拨叉、分离套筒、分离轴承等。如图1-3-3所示为离合器分离拨叉和分离轴承总成。

图1-3-2 离合器摩擦片总成

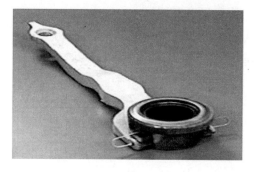

图1-3-3 离合器分离拨叉和分离轴承总成

2.常见故障检测工艺流程

1)离合器打滑

离合器打滑故障原因分析见表1-3-1。

离合器打滑故障原因及排除方法　　表1-3-1

故障原因	排除方法
离合器踏板自由行程不够	调整离合器踏板自由行程
离合器从动盘摩擦衬面有油或磨损	检查离合器从动盘
膜片弹簧弹力不足	检查膜片弹簧
离合器盖与飞轮之间螺栓松动	检查螺栓有无松动,必要时予以拧紧

2)离合器分离不彻底

离合器分离不彻底故障原因分析见表1-3-2。

离合器分离不彻底故障原因及排除方法　　表1-3-2

故障原因	排除方法
离合器踏板自由行程过大	调整离合器踏板自由行程
离合器油管内有空气	对离合器液压操纵系统进行放气
离合器工作缸失效	修理离合器工作缸
离合器主缸失效	修理离合器主缸
从动盘变形或非原配件厚度超差	检查离合器从动盘

3)离合器发抖

离合器发抖故障原因分析见表1-3-3。

离合器发抖故障原因及排除方法　　　　表1-3-3

故障原因	排除方法
压盘或飞轮工作表面变形,从动盘表面不平	检查压盘、飞轮是否变形
从动盘严重磨损	检查离合器从动盘
从动盘扭转减振弹簧疲劳、折断	检查从动盘的扭转减振器
膜片弹簧弹力不均、疲劳	检查膜片弹簧的弹力

二、实训操作

(一)事前准备

1. 收集资料,确定修理方案

依据维修手册及生产实际情况,需要对离合器进行拆卸检查、更换相关零件等操作。

2. 整理工位,准备机具、工具、量具及设备

(1)汽车进入工位前,将工位清理干净,准备好相关器材。

(2)将汽车停驻在举升机中央位置。

(3)拉紧驻车制动器操纵杆。

(4)套上转向盘护套、变速杆手柄套和座椅套,铺设脚垫。

(5)在车内拉动发动机舱盖手柄,在车外打开并支撑发动机舱盖。

(6)粘贴翼子板和前机盖磁力护裙。

(二)作业内容

以丰田卡罗拉1.6L车型为例,执行离合器的拆装、检修相关零件的作业。

1. 拆卸

(1)拆下手动传动桥总成,如图1-3-4所示。

(2)拆卸离合器分离叉分总成,从手动传动桥上拆下带离合器分离轴承的离合器分离叉,如图1-3-5所示。

(3)拆卸离合器分离叉防尘套,从手动传动桥上拆下离合器分离叉防尘套,如图1-3-6所示。

(4)拆卸离合器分离轴承总成,从离合器分离叉上拆下分离轴承和卡子,如图1-3-7所示。

项目一　离合器的检修

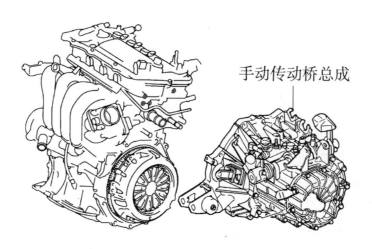

图 1-3-4　手动传动桥总成

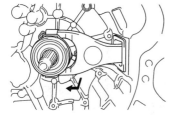 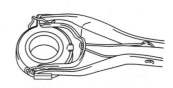

图1-3-5　离合器分离叉　　图 1-3-6　离合器分离叉　　图 1-3-7　离合器分离
　　　　　分总成　　　　　　　　　　防尘套　　　　　　　　　　轴承总成

(5) 拆卸分离叉支撑件,从手动传动桥上拆下分离叉支撑件,如图 1-3-8 所示。

(6) 拆卸离合器盖总成。

① 在离合器盖总成和飞轮分总成上做好装配标记,如图 1-3-9 所示。

 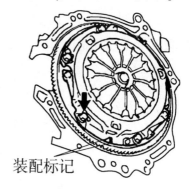

图 1-3-8　分离叉支撑件　　　　　图 1-3-9　装配标记

② 每次将各固定螺栓拧松一圈,直至弹簧张力被完全释放。

③ 拆下固定螺栓并拉下离合器盖。

注意：不要跌落离合器盘。

(7) 拆下离合器盘总成。

注意：使离合器盘总成衬片部分、压盘和飞轮分总成表面远离油污和异物。

2. 离合器零部件检查

1) 检查离合器盘总成

(1) 用游标卡尺测量铆钉头深度，铆钉最小深度为0.3mm。如果有必要，更换离合器盘总成，如图1-3-10所示。

(2) 将离合器盘总成安装至传动桥总成。

注意：按正确方向插入离合器盘总成。

(3) 用百分表测量离合器盘总成的径向圆跳动，最大径向跳动为0.8mm。如果有必要，更换离合器盘总成，如图1-3-11所示。

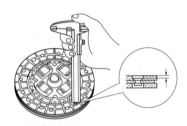

图1-3-10　测量铆钉头深度

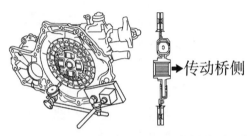

图1-3-11　测量离合器盘总成的径向跳动

2) 检查离合器盖总成

用游标卡尺测量膜片弹簧磨损的深度和宽度，最大深度A为0.5mm，最大宽度B为6.0mm。如果有必要，更换离合器盖总成，如图1-3-12所示。

3) 检查飞轮分总成

用百分表测量飞轮分总成的径向圆跳动。最大径向圆跳动为0.1mm。如果有必要，更换飞轮分总成，如图1-3-13所示。

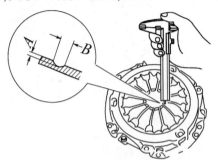

图1-3-12　测量膜片弹簧磨损的深度和宽度

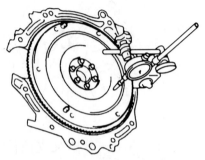

图1-3-13　测量飞轮总成的径向圆跳动

4)检查离合器分离轴承总成

(1)在轴向施力时,旋转离合器分离轴承总成的滑动部件(与离合器盖的接触面),检查并确认离合器分离轴承总成移动平稳且无异常阻力,如图1-3-14所示。

(2)检查离合器分离轴承总成是否损坏或磨损。如果有必要,更换分离轴承总成。

3. 安装

(1)安装离合器盘总成。将专用工具插入离合器盘总成,然后将它们一起插入飞轮分总成,如图1-3-15所示。

注意:按正确方向插入离合器盘总成。

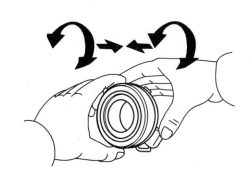

图1-3-14 检查离合器分离轴承总成　　图1-3-15 安装离合器盘总成

(2)安装离合器盖总成。

①将离合器盖总成上的装配标记和飞轮分总成上的装配标记对准。

②按照如图1-3-16所示的步骤,从位于顶部锁销附近的螺栓开始,按顺序拧紧螺栓,拧紧力矩为19N·m。

提示:按照如图1-3-16所示的顺序,分几次均匀拧紧螺栓。

检查并确认离合器盘位于中心位置后,上下左右轻微地移动专用工具,然后拧紧螺栓,如图1-3-16所示。

(3)检查并调整离合器盖总成。

①用带滚子仪的百分表检查膜片弹簧顶端高度偏差,最大偏差为0.9mm,如图1-3-17所示。

②如果偏差不符合规定,用专用工具调整膜片弹簧顶端高度偏差,如图1-3-18所示。

(4)安装分离叉支撑件,将分离叉支

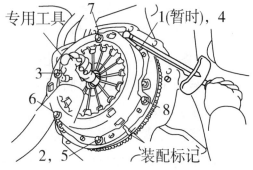

图1-3-16 离合器盖总成螺栓拧紧顺序

撑件安装至传动桥总成，螺栓拧紧力矩为37N·m。

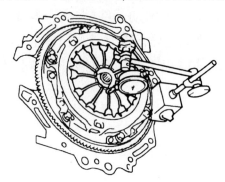 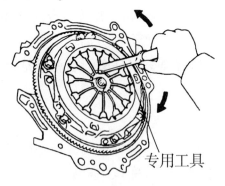

图 1-3-17　检查膜片弹簧顶端　　　图 1-3-18　调整膜片弹簧顶端
　　　　　 高度偏差　　　　　　　　　　　　高度偏差

（5）安装离合器分离叉防尘套，将离合器分离叉防尘套安装至手动传动桥。

（6）安装离合器分离叉分总成。

①在分离叉和分离轴承总成、分离叉和推杆、分离叉和叉支撑件间的接触面上涂抹分离毂润滑脂，如图 1-3-19 所示。润滑脂采用丰田原厂分离毂润滑脂或同等产品。

②用卡子将分离叉安装至分离轴承总成。

（7）安装离合器分离轴承总成。

①在输入轴花键上涂抹离合器花键润滑脂，如图 1-3-20 所示，图中箭头所指位置为涂抹部位。润滑脂采用丰田原厂离合器花键润滑脂或同等产品。

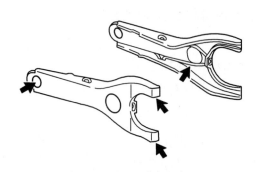 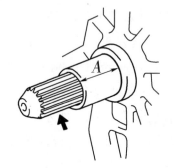

图 1-3-19　涂抹润滑脂　　　　　　图 1-3-20　输入轴花键上涂抹润滑脂
　　← 涂抹分离毂润滑脂部位　　　　　　← 涂抹离合器花键润滑脂部位

注意：不要在图 1-3-20 所示的 A 部位涂抹润滑脂。

②将带分离叉的离合器分离轴承安装至传动桥总成。

注意：安装完毕后前后移动分离叉以检查分离轴承是否滑动平稳。

（8）安装手动传动桥总成。

三、评价与反馈

班　级		姓　名		学　号		日　期	

课题三　离合器分离不彻底故障的诊断与排除

一、相关知识

1. 离合器由哪几部分组成？

2. 离合器有哪些常见故障？如何诊断？

二、操作内容

1. 请根据你所检查的实际情况填写以下内容：

（1）检查离合器盘总成，最小铆钉头深度_____ mm；

（2）用百分表测量离合器盘总成的径向圆跳动,最大径向圆跳动：_____ mm；

（3）用游标卡尺测量膜片弹簧磨损的深度和宽度,最大深度_____ mm,最大宽度_____ mm；

（4）检查飞轮分总成,最大径向圆跳动_____ mm；

（5）检查并确认离合器分离轴承总成移动是否平稳且无异常阻力。

2. 请总结离合器装配的主要注意事项。

三、评价反馈

1. 学生自我评价该课题的完成情况：

2. 学生建议（含对教师的评价、要求及教学建议等）：

成绩评定		教师	

知识拓展

1. 请根据客户报修内容,编写修理方案。

报修内容:一辆手动挡大众帕萨特汽车,车主反映汽车用低挡起步时,按操作规程逐渐放松离合器踏板并徐徐踩下加速踏板,离合器不能平稳接合且产生抖振,严重时甚至整车产生抖振现象。需要你对离合器进行检测,确定故障部位并进行修理。请编写该车的修理方案。

2. 车辆出现踩下离合器踏板时,变速器部分有异响;松开离合器踏板时,响声消失的故障现象。请你分析原因,并确定修理方案。

3. 查阅资料,了解双片离合器的检查与调整内容。

项目二　手动变速器的检修

项目描述

手动变速器在使用过程中往往会出现挂挡困难、跳挡、乱挡、异响、漏油等故障,为了解决这些手动变速器的常见故障,我们需要学习并掌握以下理论知识和操作技能。

项目要求

1. 叙述手动变速器的作用;
2. 掌握手动变速器的组成结构;
3. 能分析手动变速器的各挡传动路线,阐述其工作原理;
4. 了解手动变速器的常见故障及其产生原因;
5. 掌握驱动桥的工作原理;
6. 能正确地使用维修工具和设备;
7. 能按技术要求完成手动变速器的分解、零件清洗、零件检验工作;
8. 能按技术要求完成手动变速器的润滑油检查、更换工作;
9. 能按技术要求检验、更换手动变速器轴、齿轮、轴承、同步器等主要零件;
10. 能按技术要求装配、调整手动变速器。

　手动变速器油的检查和更换

学习目标

完成本课题学习后,你应能:

1. 叙述汽车手动变速器的作用；
2. 掌握手动变速器的总体结构；
3. 明确手动变速器的分类,了解手动变速器的优缺点；
4. 正确地使用维修工具和设备；
5. 熟知手动变速器油的分类与使用知识；
6. 与同学密切合作,规范、安全地检查和更换手动变速器油。

建议课时

6课时。

学习任务（情境）描述

变速器具有变速、变矩和变向功能,使汽车能够满足在各种复杂道路情况下行驶的需要。由于频繁换挡,长期在高转速、大负荷工况下工作,变速器零件会产生磨损或损伤,致使其使用性能下降。为了减轻零件磨损,延长变速器使用寿命,应定期对变速器进行维护。定期检查、添加或更换手动变速器油是维护变速器的重要措施之一。

学习内容

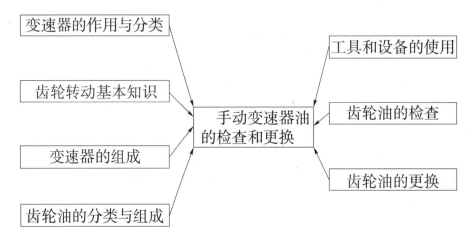

一、资料收集

（一）手动变速器的作用

手动变速器的作用是给汽车提供空挡、前进挡和倒挡,以实现汽车的起步、驱动、高速行驶、倒车和临时停车等需求。

(1)起步:当汽车起步时,需要较大的驱动力,因此,要使用具有最大驱动力的 1 挡。

(2)驱动:起步之后,要使用 2 挡或 3 挡,以提高车辆行驶速度。此时,变速器的转矩输出比较大,可以确保车辆行驶对转矩的需求。

(3)高速行驶:高速行驶时,要使用 4 挡或 5 挡,以进一步提高汽车行驶速度。采用驱动力小的挡以及降低发动机转速能改善燃油消耗量。

(4)倒挡:使用倒挡时,因使用安装在倒挡轴上的惰轮,倒挡齿轮反转,车辆便可实现倒车行驶。

(5)临时停车:汽车在行驶过程中的临时停车由手动变速器的空挡来实现。

(二) 传动比

手动变速器使用大小不同的齿轮为驱动车轮提供传动比。没有传动比的变化,发动机在低速时只能产生有限的转矩,而没有足够的转矩,车辆就不可能起步。

传动比是指一对互相啮合的齿轮其主动齿轮转速与从动齿轮转速之比。传动比的大小也可以用从动齿轮的齿数除以主动齿轮的齿数得到。例如,如果某变速器的从动齿轮有 38 个齿,主动齿轮有 12 个齿,则此挡的传动比为 38/12 = 3.166。

由此可知,两个齿数一样的齿轮啮合传动,其传动比为 1,如图 2-1-1a)所示;如果一个小齿轮驱动大齿轮,其传动比大于 1,如图 2-1-1b)所示;如果一个大齿轮驱动小齿轮,则其传动比小于 1。

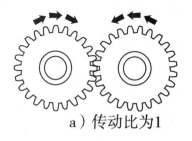 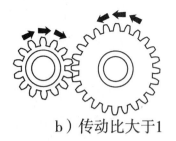

a)传动比为1　　　　　　b)传动比大于1

图 2-1-1　齿轮啮合传动的传动比

当变速器处于不同的挡位运转时,因为互相啮合的挡位齿轮其齿数不一样,所以变速器可以不同的传动比输出动力。在正常运行条件下,发动机的动力经接合的离合器传递到变速器的输入轴。变速器的输入轴将动力传递给变速器中的齿轮,齿轮改变转矩和转速并将其传递给传动系的其余元件(差速器、传动半轴等)。

(三)手动变速器的类型

1. 按变速器前进时齿轮机构所用轴的数目不同

按变速器前进时齿轮机构所用轴的数目不同可分为两轴式和三轴式两类。两轴式变速器通常与前置发动机前轮驱动的布置类型相配,如图2-1-2所示;三轴式变速器一般与前置发动机后轮驱动的布置类型相配,如图2-1-3所示。

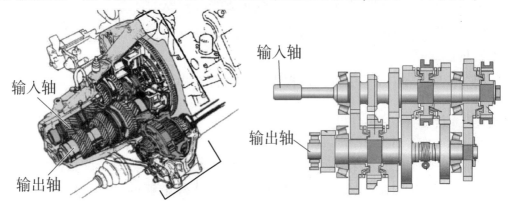

图 2-1-2　两轴式手动变速器结构示意图

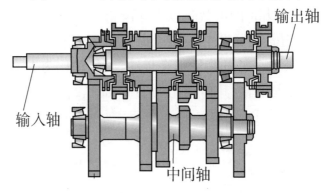

图 2-1-3　三轴式手动变速器结构示意图

2. 按前进时变速器的挡位数不同

按变速器的前进挡位数不同可分为三挡手动变速器、四挡手动变速器、五挡手动变速器、六挡手动变速器等。

(四)手动变速器的基本组成

手动变速器通常由换挡操纵机构、齿轮传动机构和壳体等组成。

1. 换挡操纵机构

变速器换挡操纵机构的作用是保证驾驶员能准确、可靠地将变速器挂入某个挡位,并可随时使之退到空挡。

变速器操纵机构根据其变速操纵杆(简称变速杆)与变速器的相对位置不同,可分为直接操纵式和远距离操纵式两种类型。手动变速器对换挡操纵机构有着严格的操纵要求:首先应设有自锁装置,防止变速器自动换挡和自动脱挡;其次要设有互锁装置,保证变速器不会同时换入两个挡,以免发动机熄火或因运动干涉而损坏机件;最后要求设有倒挡锁,防止汽车前进运动时误挂入倒挡,引发安全事故和机件损坏事故。

1) 直接操纵式

大多数汽车的变速器布置在驾驶员座位附近,变速杆由驾驶室底板伸出,驾驶员可直接操纵。这种操纵机构一般由变速杆、拨块、拨叉、拨叉轴以及安全装置等组成,通常都装于变速器上盖或侧盖内,如图 2-1-4 所示。

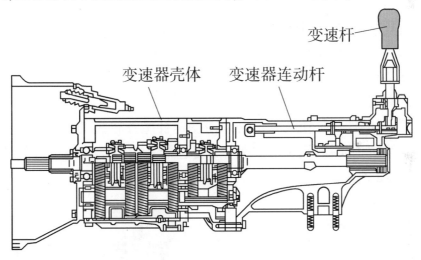

图 2-1-4　直接操纵式

2) 远距离操纵式

当驾驶员座位离变速器较远或变速杆布置在转向盘下方(某些轿车)的转向管柱上时,通常在变速杆与换挡拨叉之间增加若干个传动件,组成远距离操纵机构,如图 2-1-5 所示。

3) 变速器自锁装置

自锁装置的功用是对各挡拨叉轴进行轴向定位锁止,以防止其自动产生轴向移动而造成自动挂挡或自动脱挡,并保证各挡传动齿轮以全齿长啮合,结构如图 2-1-6 所示。

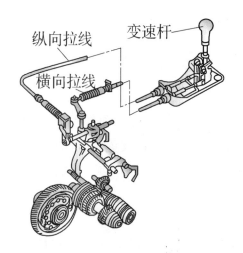

图 2-1-5　远距离操纵式　　图 2-1-6　变速器自锁装置

4) 变速器互锁装置

互锁装置的作用是阻止两个或多个拨叉轴同时移动,即当拨动一根拨叉轴轴向移动时,其他拨叉轴都被锁止在空挡位置,从而可以防止同时挂入两个挡位,结构如图 2-1-7 所示。

5) 变速器倒挡锁装置

倒挡锁装置的作用是使驾驶员必须对变速杆施加较大的力,才能挂入倒挡,起到提醒作用,防止误挂倒挡。多数汽车变速器采用结构简单的弹簧锁销式倒挡锁,如图 2-1-8 所示。

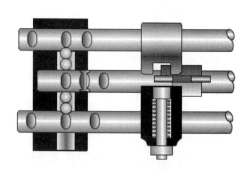 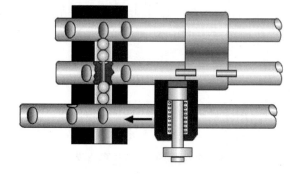

图 2-1-7　变速器互锁装置　　图 2-1-8　倒挡锁装置

2. 齿轮传动机构

齿轮传动机构由齿轮、轴、轴承以及同步器组成,如图 2-1-9 所示。

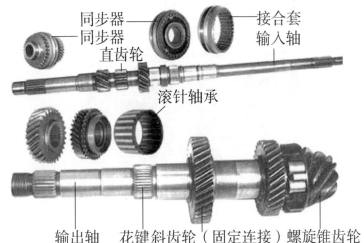

图 2-1-9　变速器齿轮传动机构组成

同步器的主要作用是使接合套与待啮合的齿圈迅速同步,缩短换挡时间,且防止在同步前啮合而产生换挡冲击。目前汽车上常用的同步器为惯性式同步器。惯性式同步器可分为锁环式惯性同步器和锁销式惯性同步器两种类型。轿车和轻、中型货车的变速器广泛采用锁环式惯性同步器。

锁环式惯性同步器的结构如图 2-1-10 所示,由同步器花键毂、接合套、滑块、滑块卡簧、同步齿环(锁环)等零件组成。

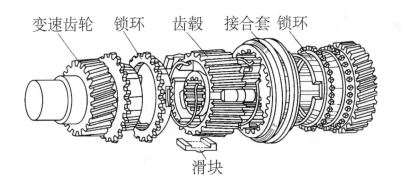

图 2-1-10　锁环式惯性同步器

3. 壳体和盖

壳体和盖用来安装齿轮传动机构和内部操纵机构,同时储存润滑油。

为了减轻汽车的自身质量,对于小型车辆来说,壳体和盖常采用铝合金或镁合金制造。中、重型车辆手动变速器的壳体和盖一般用铸铁制造,以保证其强度要求。图2-1-11所示为卡罗拉1.8L轿车五挡手动变速器的壳体。

图2-1-11　卡罗拉1.8L轿车五挡手动变速器的壳体

(五)齿轮油的分类

美国石油学会将车辆齿轮油按使用性能分为GL—1、GL—2、GL—3、GL—4、GL—5和GL—6六类。其性能水平顺序逐级提高。其中,使用较多的是GL—4和GL—5两类。近年来,API还提出了两种新使用性能分类规格,一种是PG—1,适用于重载、高温(可达150℃)手动变速器(载货汽车与公共汽车用);另一种是PG—2,适用于有高偏置的重载轴齿轮传动(重型载货汽车最后一级传动用)。这两种新规格还要求能满足对清净分散性、密封寿命与同步啮合腐蚀极限的更高要求。

由于GL—1、GL—2、GL—3都已属于淘汰型号,因此下面主要介绍GL—4、GL—5齿轮油,顺便提一下GL—6。

(1)在高速低转矩,低速高转矩操作下的各种手动变速器、螺旋齿轮,特别是客车和其他各类车辆用螺旋伞齿轮和准双曲面齿轮,规定用GL—4类齿轮油。

(2)在高速冲击负荷、高速低转矩操作下的各种齿轮,特别是客车或苛刻的其他车辆用的准双曲面齿轮,规定用准双曲面齿轮及其他GL—5类齿轮油。

(3)在高速冲击负荷下工作的各种齿轮,特别是客车和各类车辆用的高偏置双曲线齿轮(偏置量大于2.0in❶或接近大齿圈直径的25%)规定用

---

❶　1in=2.54cm。

GL—6 类齿轮油。

(六) 齿轮油的组成

简单来说,齿轮油就是由基础油及添加剂组成。性能的优异和选择与机油一样,要看基础油是何种类型。常用于调配齿轮油的基础油有 500SN、650SN、150BS、200BS 等,有的还采用合成油,如 PAO、聚醚等调和,一般 GL—4、GL—5 级的 85W/90、85W/140 及 90、140 油采用普通矿物油调和则可,GL—4、GL—5 的 75W/90、80W/90 则需要用合成油调和了。

(七) 齿轮油的性能要求

1. 润滑性和低温操作性

为使车辆齿轮油的润滑性和低温操作性良好,齿轮油应具有适当的黏度和良好的黏温性。规定了倾点、成沟点、黏度指数、表观黏度达 150Pa·s 时的温度等评价指标。

2. 极压抗磨性

车辆齿轮油的极压抗磨性是指油中的极压抗腐剂在高压、高速、高温的苛刻工作条件下,能在齿轮齿面上与金属发生化学反应生成反应膜,防止齿面擦伤或烧结的性质。齿轮油要求在较高的负荷下能保持有足够厚的油膜,所以,车辆齿轮油中一般都加有极压抗磨添加剂。

3. 热氧化安定性

车辆齿轮油抵抗高温条件下氧化作用的能力,称为热氧化安定性。要求齿轮油在较高温度下不易氧化变质,车辆齿轮油应具有良好的热氧化安定性。

4. 抗腐性和防锈性

车辆齿轮油在齿轮传动装置的工作条件下防止齿轮、轴承腐蚀和生锈的能力,称为抗腐性和防锈性。

二、实训操作

(一) 事前准备

1. 收集资料,确定修理方案

依据维修手册及生产实际,需对变速器油进行检查、更换。更换变速器油的过程中注意一次性零件的更换。

2. 整理工位,准备机具、工具、量具及设备

(1)汽车进入工位前,将工位清理干净,准备好相关器材。

(2)将汽车停驻在举升机中央位置。

(3)拉紧驻车制动器操纵杆。

(4)套上转向盘护套、变速杆手柄套和座椅套,铺设脚垫。

(5)在车内拉动发动机舱盖手柄,在车外打开并支撑发动机舱盖。

(6)粘贴翼子板和前机盖磁力护裙。

(二)作业内容

1. 检查手动变速器油(以丰田卡罗拉轿车为例)

(1)举升车辆到合适的位置。

(2)拆下变速器注油螺塞和衬垫。

(3)检查并确认油面在变速器注油螺塞开口最低点以下 5mm 范围内,如图 2-1-12 所示。

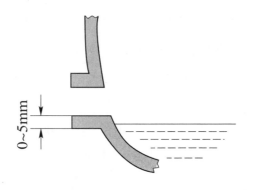

图 2-1-12　油面高度

注意:油液过多或过少都可能引起故障。更换手动变速器油后,驾驶车辆并再次检查油位。

(4)油位低时,检查手动变速器油是否泄漏。

(5)安装变速器注油螺塞和新衬垫,拧紧力矩为39N·m。

2. 更换手动变速器油

(1)拆卸底板,如图 2-1-13 所示。

(2)拆卸变速器放油螺塞,如图 2-1-14 所示。

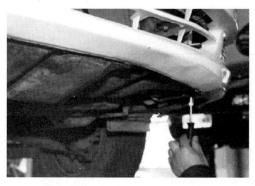

图 2-1-13　拆卸底板　　　　　图 2-1-14　拆卸放油螺塞

（3）排放变速器油，如图 2-1-15 所示。

（4）从变速器油加注口处用专用加注仪器加注变速器油，如图 2-1-16、图 2-1-17 所示。

图 2-1-15　排放变速器油　　　　图 2-1-16　加注变速器油（1）

（5）起动发动机，挂入每个挡位运行一会儿，检查变速器是否漏油，如图 2-1-18 所示。

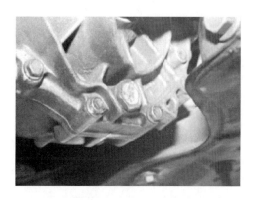

图 2-1-17　加注变速器油（2）　　图 2-1-18　检查是否漏油

三、评价与反馈

班　级		姓　名		学　号		日　期	

课题一　手动变速器油的检查和更换

一、相关知识

1. 美国石油学会将车辆齿轮油按使用性能分为_____、_____、_____、_____、_____、_____六类。

2. 齿轮油由_____和_____组成。

3. 变速器具有_____、_____、_____功能。

4. 国产汽油车所用齿轮油等级 GL—4 或 GL—5 代表车型有_____、_____、_____、_____、_____。

二、操作内容

1. 请根据你所检查的实际情况填写以下内容：

（1）手动变速器油的颜色为_____；

（2）手动变速器油的油位在注油螺塞下_____ mm；

（3）丰田卡罗拉轿车手动变速器放油螺塞拧紧力矩为_____ N·m；

2. 简述更换手动变速器油的操作步骤：

三、评价反馈

1. 学生自我评价该课题的完成情况：

2. 学生建议（含对教师的评价、要求及教学建议等）：

成绩评定		教师	

知识拓展

1. 查阅相关资料,分析车辆的手动变速器油和后桥齿轮油能否互换,为什么?

2. 查阅相关资料,说明别克凯越、长安之星、东风 EQ1090 等车型各使用什么型号的变速器油。

3. 分析一辆汽车变速器油容易变质的原因有哪些。

课题二　手动变速器换挡困难故障的诊断与排除

学习目标

完成本课题学习后,你应能:

1. 掌握手动变速器各部分的结构;
2. 分析手动变速器的传动路线;
3. 对传动机构零部件进行检修;
4. 掌握手动变速器的装配工艺;
5. 正确使用维修工具和设备;
6. 与同学密切合作,规范、安全地检修和排除手动变速器故障。

建议课时

10 课时。

学习任务(情境)描述

一辆丰田卡罗拉 ZRE151 手动挡轿车的车主反映:车辆挂 1 挡、2 挡、5 挡和倒挡时轻松自如，但挂3挡和4挡时困难，并伴有齿轮撞击声。需要你对变速器进行检测，确定故障部位并进行修理。

 学习内容

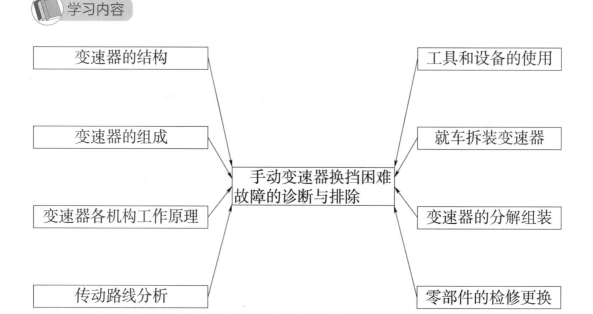

一、资料收集

（一）手动变速器的结构

丰田卡罗拉ZRE151轿车手动变速器通过三个同步齿轮装置及三个轴——输入轴、中间轴及倒挡轴提供五个前进挡和一个倒挡，如图2-2-1所示。所有前进挡齿轮为常啮合，而倒挡使用滑动中间齿轮机构。低速啮合套及毂安装在中间轴上，并与中间轴的1挡齿轮或2挡齿轮啮合，而高速啮合套及毂安装在输入轴上，并与输入轴的3挡齿轮或4挡齿轮啮合，5挡啮合套及毂安装在输入轴上，并与安装在输入轴上的5挡齿轮啮合。

为防止在变速器齿轮换至倒挡时倒挡齿轮发出"噼啪"的打齿噪声，应先使用倒挡制动设备进行制动。倒挡制动设备利用第5个同步齿轮，即杆同步型齿轮，对输入轴的转动进行制动。

为在转换到第2挡时实现高性能，给第2挡同步齿轮装置提供有双锥同步机构。

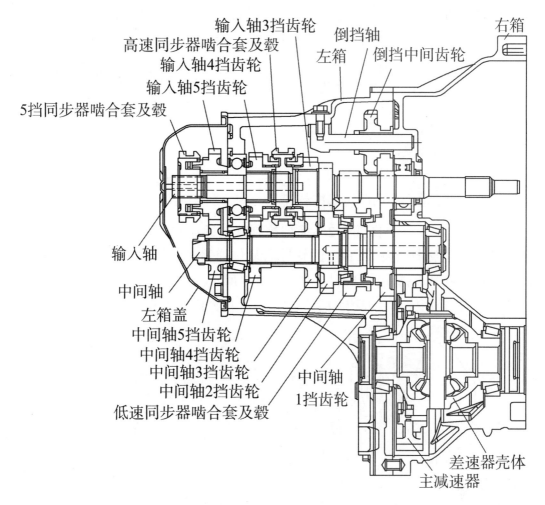

图 2-2-1　卡罗拉 ZRE151 轿车手动变速器

维修时，在铝制变速器壳体的配合面上必须使用纯正品牌密封胶或相当的替代品。变速器壳体的紧固螺栓必须使用扭力扳手按照规定力矩拧紧。重新组装前，使用清洗液将零部件彻底清洗干净并使用空气吹干所有部件。

另外，必须小心调整中间轴圆锥滚柱轴承的预紧度。组装前，严禁使用研磨剂使新的同步器环与相关的齿轮面研磨。

(二) 换挡机构

换挡控制机构由换挡控制拉索、选挡控制拉索、选挡拉索控制杆、换挡拉索控制杆、5 挡及倒挡换挡凸轮、5 挡换挡拨叉、倒挡换挡控制杆、5 挡及倒挡换挡导轴、5 挡及倒挡换挡轴、换挡及选挡轴总成、5 挡到倒挡互锁导向螺栓、换挡互锁螺栓、换挡及选挡杆、低速换挡轴、高速换挡轴、换挡控制杆总成等主要零部件组成。

换挡控制杆的运动通过换挡及选挡拉索被传递到换挡及选挡轴。如图 2-2-2 所示为换挡控制杆的运动方式。

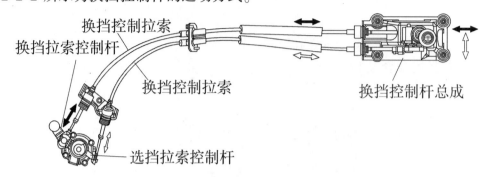

图 2-2-2　换挡控制杆的运动方式

设置 5 挡及倒挡换挡凸轮、凸轮导向复位弹簧和 5 挡到倒挡互锁导向螺栓，以防止直接从第 5 挡换挡到倒挡，如图 2-2-3 所示。

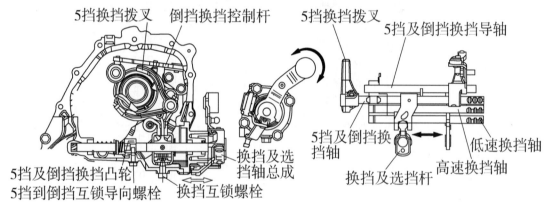

图 2-2-3　换挡控制杆

（1）当换挡杆处于第 3 挡和第 4 挡中间的空挡位置时，换挡凸轮处于导向螺栓下，而且可以自由地顺时针转动（到第 3 挡），逆时针转动（到第 4 挡），如图 2-2-4 所示。

（2）当换挡杆从空挡位置向右移动时，换挡及选挡轴将向上移动，但换挡凸轮将受导向螺栓的限制，复位弹簧也将收缩，见图 2-2-5。

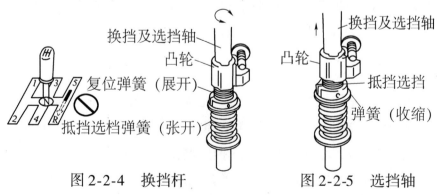

图 2-2-4　换挡杆　　　　　图 2-2-5　选挡轴

(3)当换挡杆移到第 5 挡时,换挡及选挡轴顺时针转动,同时使换挡凸轮离开导向螺栓并由复位弹簧上推。在这种状态下,换挡凸轮的移动受导向螺栓的限制,所以,换挡到倒挡不能实现,见图 2-2-6。

(4)当换挡杆从第 5 挡和倒挡之间的空挡位置移动到倒挡时,换挡凸轮反时针转动以实现换挡到倒挡,见图 2-2-7。

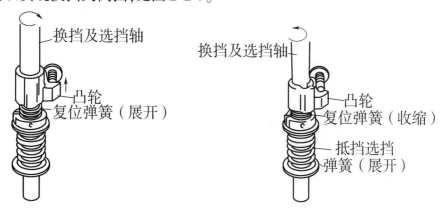

图 2-2-6 5 挡选挡位置   图 2-2-7 倒挡选挡位置

(三)换挡控制杆和拉索组件

换挡控制杆和拉索组件主要由换挡控制杆球形手柄、拉索支架螺栓、换挡杆防尘套、换挡控制拉索、选挡控制拉索、换挡控制杆总成、拉索支架、换挡杆盖板、换挡拉索座等组成,如图 2-2-8 所示。

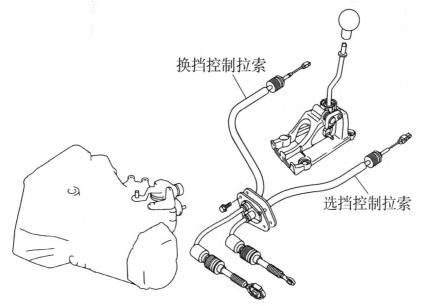

图 2-2-8 换挡控制杆和拉索组件

(四)手动变速器装置组件

手动变速器装置组件主要包括换挡控制拉索和变速器总成,见图 2-2-9。

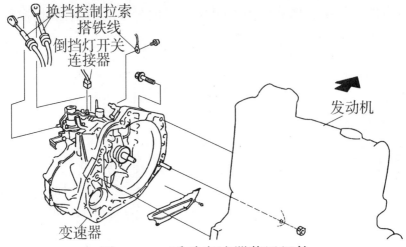

图 2-2-9　手动变速器装置组件

(五)换挡及选挡轴总成组件

换挡及选挡轴总成组件主要包括换挡及选挡轴、选挡拉索杆、选挡杆轴衬套、换挡拉索杆、导向器壳、换挡互锁板、换挡及选挡杆等,如图 2-2-10 所示。

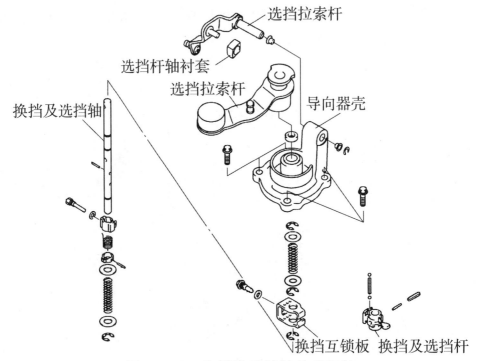

图 2-2-10　换挡及选挡轴总成组件

1. 换挡互锁板

换挡互锁板的作用：防止变速器同时挂入两个以上的挡位。

如果变速器同时挂入两个以上的挡位，变速器的输入轴与中间轴会有不同传动比，这样变速器将无法工作，导致变速器锁死，车辆无法行驶，并损坏变速器。例如，当将换挡杆置于1挡或2挡时，换挡拨叉锁片和1号换挡杆移到右侧，如图2-2-11下侧所示。换挡拨叉锁片防止3挡/4挡和5挡/倒挡换挡拨叉头移动使得1挡/2挡换挡拨叉头可移动。

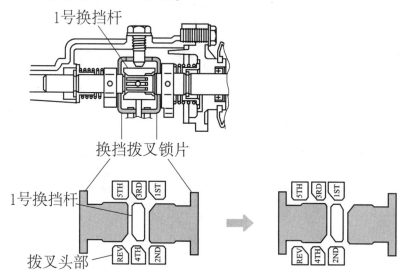

图 2-2-11　换挡互锁板

2. 自锁机构

自锁机构的功用：一旦挂上挡位后，锁销在弹簧作用下可将换挡拨叉保持在固定挡位，防止脱挡；同时也能使驾驶员对齿轮啮合的状况有所感觉。

如图2-2-12所示，锁销通常设计有定位钢球和定位弹簧，随着换挡拨叉移动，锁销的定位弹簧会迫使定位钢球进入换挡杆的槽口中，将换挡拨叉固定在所处位置。

（六）手动变速器总成组件

如图2-2-13所示，手动变速器总成组件主要包括变速器壳体、换挡及选挡轴总成、变速器左壳垫、换挡及选挡轴总成、差速器总成、输入轴、中间轴、倒挡轴、各挡挡位齿轮、倒挡中间齿轮、同步器、换挡拨叉轴、换挡拨叉、轴承、油封、油槽、放油孔螺栓、加油孔与螺栓。

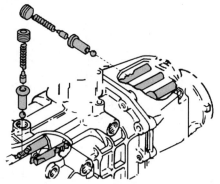

图 2-2-12　自锁机构

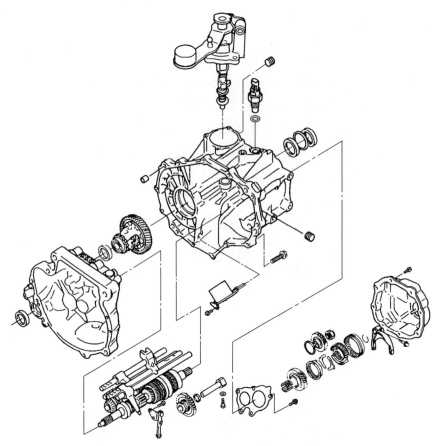

图 2-2-13　手动变速器总成组件

(七) 换挡轴组件

换挡轴组件的组成,如图 2-2-14 所示。

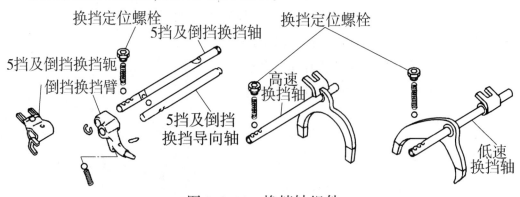

图 2-2-14　换挡轴组件

(八) 手动变速器的动力传递

如图 2-2-15 所示,虽然在有些变速器中,由于采用的元件不同,动力传递也会有所差异,但是所有类型的手动变速器的动力传递是非常相似的。

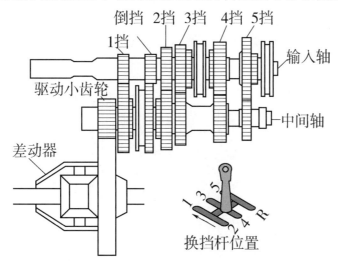

图 2-2-15　变速器动力传动示意图

1. 空挡

在空挡状态下,所有同步器都位于中间位置(处于分离状态),只是 1 挡和 2 挡齿轮在空转,所以来自离合器的动力并未从输入轴传到中间轴,从而差速器上也无作用力,如图 2-2-16 所示。

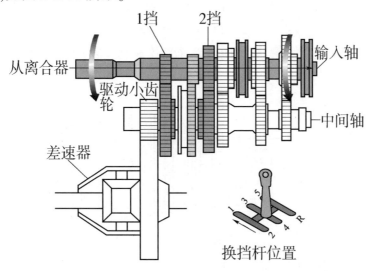

图 2-2-16　空挡

2. 1 挡

如图 2-2-17 所示,在 1 挡状态下,低速同步器啮合套挂向 1 挡齿轮,将中间轴上的 1 挡齿轮与齿毂啮合在一起。此时来自离合器的动力从输入轴分别经过

1挡齿轮、低速离合器、中间轴、驱动小齿轮,然后通过差速器传递到车轮,驱动车辆起步。

提示:2挡的动力传递类似于1挡,此时低速同步器啮合套挂进2挡齿轮的接合齿中。

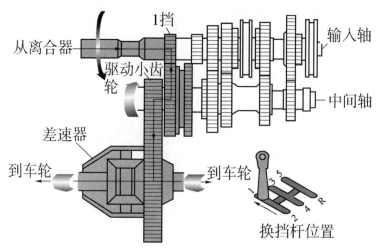

图 2-2-17　1挡

3. 3挡

如图2-2-18所示,在3挡状态下,高速同步器啮合套挂向3挡齿轮,将输入轴上的3挡齿轮与齿毂啮合在一起。此时来自离合器的动力从输入轴分别经过高速离合器、3挡齿轮、中间轴、驱动小齿轮,然后通过差速器传递到车轮,驱动车辆行驶。

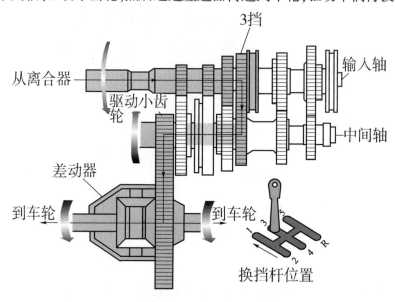

图 2-2-18　3挡

提示:4挡、5挡的动力传递类似于3挡。

4挡一般称为直接挡,因为4挡的主动齿轮与从动齿轮齿数相同,所以传动比为1:1。5挡一般称为超速挡,因为5挡的主动齿轮齿数比从动齿轮多,所以中间轴的转速大于输入轴。

4. 倒挡

如图2-2-19所示,在倒挡状态下,倒挡中间齿轮移动到倒挡位置,同时将输入轴上倒挡齿轮和中间轴上的倒挡齿轮啮合。此时,来自离合器的动力从输入轴分别经过输入轴倒挡齿轮、倒挡中间齿轮、中间轴倒挡齿轮、中间轴、驱动小齿轮,然后通过差速器传递到车轮,驱动车辆行驶。

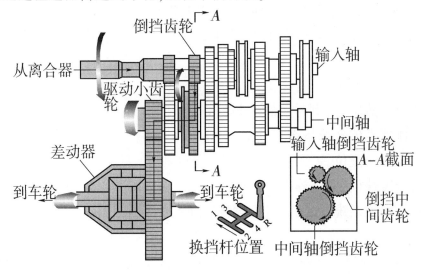

图 2-2-19 倒挡

车辆在倒挡状态下行驶时,因为接入了倒挡中间齿轮,动力的传递方向与其他挡位相反,所以车辆后退。

二、实训操作

(一)事前准备

1. 收集资料,确定修理方案

1)手动变速器的故障诊断

如果手动变速器的性能不良,则会影响车辆的正常操作与行驶。当变速器出现故障时,要求维修技师正确进行诊断与维修。

手动变速器的故障主要体现在换挡困难(齿轮啮合打滑)、脱挡、锁挡、噪声以及漏油等方面。其中,换挡困难与噪声排除是难点。为了能快速、准确地判断出故障部位及原因,维修技师需要了解变速器的内部结构及原理,并采取预检和路试等诊断手段进行检测。

故障出现时,如果知道变速器内哪些零部件在工作,则诊断起来就比较容易。如换挡困难时,需要明确变速器中哪些零件在工作,这些零件要完成什么动作。例如,变速器在1挡无法接合,而其他挡很容易挂上,则故障只会出在1挡齿轮或同步器上,不太可能是离合器的故障造成的,因为离合器对各挡都有影响,而不仅仅是1挡。

2) 预检

对手动变速器进行故障诊断前,一般需要进行预检,这样有利于及早发现小问题引起的故障现象,减少不必要的维修,并提高维修效率。预检项目主要包括:

(1) 变速器液液位。

(2) 变速器液质量(型号、黏度、颜色等)。

(3) 变速器壳体外部是否有油渍。

(4) 离合器液液位。

(5) 离合器踏板、推杆等操作机构。

(6) 其他相关系统,如发动机支撑脚、轮胎、悬架等。

3) 路试

路试是手动变速器诊断中的一个关键步骤。手动变速器的许多故障是由车辆的其他系统导致的。比如,离合器损坏可能会导致变速器换挡困难,发动机支座损坏会导致加速时变速器脱挡。

进行路试时,要尽量按照客户所述故障出现时的行驶状况(温度、路况、负载及操纵细节等),重现故障现象。

注意:由于手动变速器是由驾驶员操纵的,因此如果驾驶员操作不正确或使用不当均会导致变速器损坏。所以在维修检查时要确认是否是由于使用不当而导致变速器故障。

4) 手动变速器常见故障现象和故障原因

手动变速器的故障主要包括:换挡困难、变速器脱挡、变速器锁挡、变速器锁死、内部噪声及漏油等。

依据维修手册及生产实际,对照故障原因表(表2-2-1),确定修理方案,对变速器进行全面检修,重点检查3挡和4挡的同步器及齿轮。

项目二 手动变速器的检修

变速器故障现象及原因　　　　　表 2-2-1

故障现象	故障原因	故障排除方法
换挡困难	换挡杆件调整不当	调整
	换挡拨叉弯曲	更换或校正
	同步器故障或维修后弹簧安装不正确	更换损坏件或同步器总成或重新安装同步器
自动跳挡	换挡杆件调整不当	调整
	齿轮端隙过大	更换齿轮
	轴承磨损过大	更换轴承
	同步器磨损或损伤	修理或更换
	变速器壳体不对中	紧固螺栓或重新安装
	自锁弹簧弹力不足	更换弹簧
	拨叉轴定位球槽附近磨损、损伤	更换新件
空挡时发响	轴承磨损或发干	更换轴承、添加润滑油
	输入轴轴承损坏	更换
	齿轮磨损及轮齿折断	更换齿轮
	齿轮磨损或弯曲	更换或校正
	导向轴承松动	更换
啮合时发响	润滑油型号不对、不足	选用规定润滑油型号或添足
	输入轴后轴承磨损	更换
	输出轴上的齿轮磨损	更换
	同步器磨损或损伤	更换
	更换齿轮时没有成对更换	应成对更换新件
漏油	润滑油油面太高	排放多余的润滑油
	密封件破损	更换密封件
	壳体上的紧固螺钉松动	按规定力矩拧紧
	变速器通气管堵塞	检查并排除

2. 整理工位,准备机具、工具、量具及设备

(1)汽车进入工位前,将工位清理干净,准备好相关的器材。
(2)将汽车停驻在举升机中央位置。
(3)拉紧驻车制动器操纵杆。
(4)套上转向盘护套、变速杆手柄套和座椅套,铺设脚垫。
(5)在车内拉动发动机舱盖手柄,在车外打开并支撑发动机舱盖。
(6)粘贴翼子板和前机盖磁力护裙。

(二)作业内容

对丰田卡罗拉 ZRE151 型轿车五挡手动变速器进行拆卸检修。

1. 拆卸变速器总成

按相关技术要求从车上拆下发动机带手动传动桥总成,并将变速器和发动机分离,如图 2-2-20 所示。

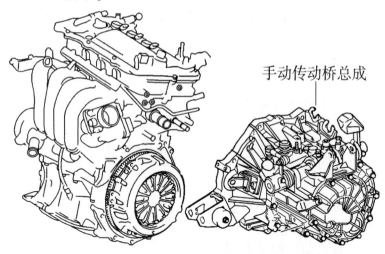

图 2-2-20　手动传动桥总成

2. 固定变速器总成

将变速器总成固定在拆装架或工作台上。

3. 变速器总成的分解

(1)从手动变速器壳体上拆下手动变速器注油螺塞和衬垫。
(2)从手动变速器壳体上拆下放油螺塞分总成和衬垫。
(3)拆卸速度表从动齿轮孔盖分总成:
①从传动桥壳上拆下螺栓和速度表从动齿轮孔盖分总成。

②从速度表从动齿轮孔盖分总成上拆下O形圈,如图2-2-21所示。

(4)拆卸倒车灯开关总成。

①从2个卡夹上分离倒车灯开关线束。

②用专用工具SST(专用工具)从手动变速器壳体上拆下倒车灯开关总成和衬垫,如图2-2-22所示。

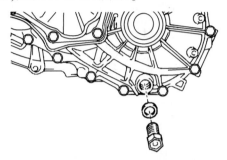

图2-2-21　拆下O形圈　　　图2-2-22　拆卸倒车灯开关总成

(5)拆卸选挡直角杠杆总成。

①从手动变速器壳上拆下2个螺栓、螺母和选挡直角杠杆总成,如图2-2-23所示。

②拆下控制直角杠杆防尘罩。

(6)拆卸地板式换挡控制杆。

①拆下螺母和垫圈,如图2-2-24所示。

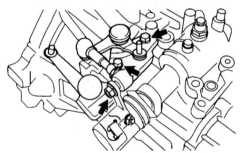

图2-2-23　拆卸选挡直角杠杆总成　　图2-2-24　拆下螺母和垫圈

②用铜棒和锤子拆下锁销。

③拆下地板式换挡控制杆和防尘罩。

(7)拆卸换挡杆阻尼器。

①拆下螺母和垫圈,如图2-2-25所示。

②用铜棒和锤子拆下锁销。

③拆下换挡杆阻尼器和防尘罩。

(8) 将手动传动桥总成放置在木块上。

(9) 从手动变速器壳体上拆下 1 号锁止钢球总成,如图 2-2-26 所示。

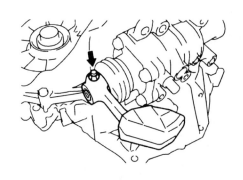
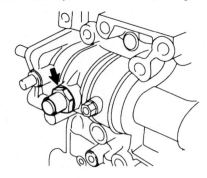

图 2-2-25　拆下螺母和垫圈　　　　图 2-2-26　拆下 1 号锁止钢球总成

(10) 从手动变速器壳体上拆下换挡导向销和垫圈,如图 2-2-27 所示。

(11) 从手动变速器壳体上拆下 4 个螺栓、控制轴罩和衬垫。

(12) 用螺丝刀从控制轴罩上拆下控制轴罩油封。

(13) 从手动变速器壳体上拆下换挡和选挡杆轴总成,如图 2-2-28 所示。

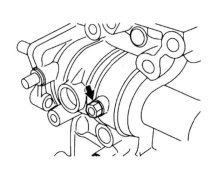
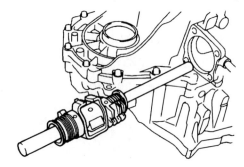

图 2-2-27　拆下换挡导向销和垫圈　　　图 2-2-28　拆下换挡和选挡杆轴总成

(14) 拆卸手动变速器盖分总成上的 9 个螺栓。

注意:不要损坏手动变速器壳体。

(15) 拆卸手动变速器输出轴后固定螺母,如图 2-2-29 所示。

①用冲子和锤子松开手动变速器输出轴后固定螺母的锁紧部件。

②使 2 个齿轮同步啮合以锁止变速器。

③拆下手动变速器输出轴后固定螺母。

④分离 2 个齿轮。

(16) 拆卸 3 号换挡拨叉。

①从 3 号换挡拨叉上拆下换挡拨叉锁止螺栓,如图 2-2-30 所示。

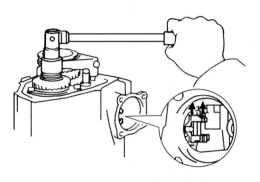
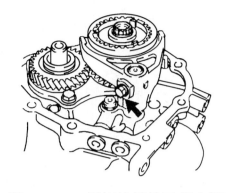

图2-2-29 拆卸手动变速器输出轴后固定螺母

图2-2-30 拆卸换挡拨叉锁止螺栓

②从变速器3号离合器毂上拆下变速器3号接合套和3号换挡拨叉,如图2-2-31所示。

(17)用百分表测量5挡齿轮轴向间隙,如图2-2-32所示。如果间隙超过最大值,更换变速器3号离合器毂、5挡齿轮或输入轴后径向滚珠轴承。

技术要求：标准间隙为0.10~0.55mm;最大间隙为0.55mm。

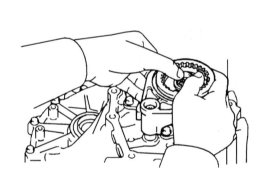
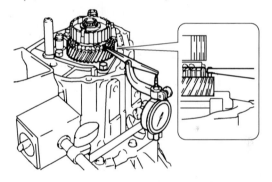

图2-2-31 拆下变速器3号接合套和3号换挡拨叉

图2-2-32 百分表测量5挡齿轮轴向间隙

(18)用百分表测量5挡齿轮径向间隙,如图2-2-33所示。如果间隙超过最大值,更换5挡齿轮、5挡齿轮滚针轴承或输入轴。

技术要求：1.NSK制造轴承,标准间隙为0.015~0.056mm,最大间隙为0.056mm;2.KOYO制造轴承,标准间隙为0.015~0.058mm,最大间隙为0.058mm。

(19)拆卸变速器3号离合器毂。

①用2把螺丝刀和锤子轻轻敲出卡环。

注意：用抹布或布条遮挡,防止卡环飞出。

②用螺丝刀从变速器3号离合器毂上拆下同步啮合换挡键弹簧。

③ 用 SST(专用工具)从输入轴上拆下变速器 3 号离合器毂、5 挡齿轮和同步器 3 号锁环,如图 2-2-34 所示。

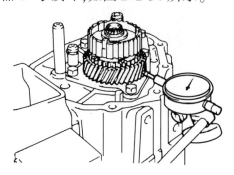

图 2-2-33　百分表测量 5 挡齿轮径向间隙

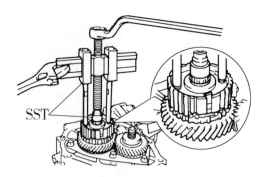

图 2-2-34　拆卸变速器 3 号离合器毂

④ 从变速器 3 号离合器毂上拆下 3 个同步啮合换挡键和同步啮合换挡键弹簧。

(20) 从输入轴上拆下 5 挡齿轮滚针轴承和 5 挡齿轮轴承隔垫。

(21) 用 SST 从输出轴上拆下 5 挡从动齿轮,如图 2-2-35 所示。

(22) 拆卸后轴承护圈。

(23) 用卡环扩张器从输出轴上拆下输出轴后轴承孔卡环。

(24) 用卡环扩张器从输入轴上拆下输入轴后轴承孔卡环。

(25) 拆卸倒挡惰轮轴螺栓。

(26) 拆卸换挡拨叉轴卡环。

用 2 把螺丝刀和锤子从 2 号换挡拨叉轴上轻轻敲出卡环。

注意:用抹布或布条遮挡,防止卡环飞出。

(27) 拆卸换挡锁止钢球。

① 用六角扳手从手动变速器壳上拆下 2 号换挡锁止钢球螺塞,如图 2-2-36 所示。

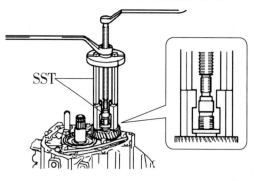

图 2-2-35　拆下 5 挡从动齿轮

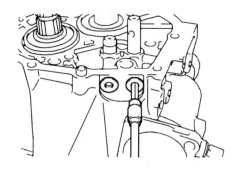

图 2-2-36　拆下 2 号换挡锁止钢球螺塞

②用磁吸工具从手动变速器壳体上拆下2个换挡锁止钢球1号弹簧座、2个换挡锁止钢球弹簧和2个换挡锁止钢球,如图2-2-37所示。

③用六角扳手从传动桥壳上拆下换挡锁止钢球螺塞。

④用磁吸工具从传动桥壳上拆下弹簧座、弹簧和钢球。

(28)拆卸2号锁止钢球总成。

(29)拆卸手动变速器壳体。

①从传动桥壳上拆下3个螺栓。

②从手动变速器壳体上拆下13个螺栓。

③用铜棒和锤子小心敲击手动变速器壳体的凸出部分,从传动桥壳上拆下变速器壳体。

注意:不要损坏手动变速器壳体和传动桥壳。

(30)从传动桥壳上拆下倒挡惰轮分总成、止推垫圈和倒挡惰轮轴,如图2-2-38所示。

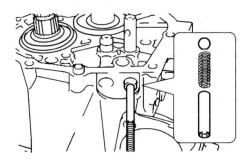

图2-2-37　拆下换挡锁止钢球

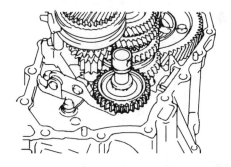

图2-2-38　拆下倒挡惰轮分总成、止推垫圈和倒挡惰轮轴

(31)从传动桥壳上拆下2个螺栓和倒挡换挡臂支架总成。

(32)拆卸2号换挡拨叉轴,如图2-2-39所示。

(33)拆卸1号换挡拨叉轴。

①用2把螺丝刀和锤子轻轻敲出卡环。

注意:用抹布或布条遮挡,防止卡环飞出。

②从1号换挡拨叉上拆下换挡拨叉固定螺栓和1号换挡拨叉轴,如图2-2-40所示。

③拆下1号换挡拨叉,如图2-2-41所示。

(34)拆卸3号换挡拨叉轴。

①用2把螺丝刀和锤子从3号换挡拨叉轴上轻轻敲出卡环。

注意:用抹布或布条遮挡,防止卡环飞出。

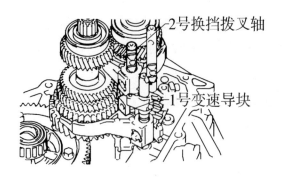

图 2-2-39 拆卸 2 号换挡拨叉轴

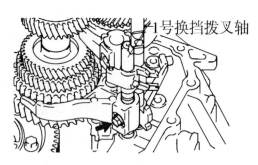

图 2-2-40 拆下换挡拨叉固定螺栓和 1 号换挡拨叉轴

②从手动传动桥壳上将 3 号换挡拨叉轴、倒挡换挡拨叉和 2 号换挡拨叉一同拆下,如图 2-2-42 所示。

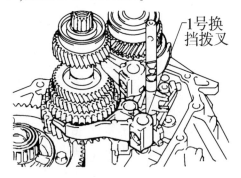

图 2-2-41 拆下 1 号换挡拨叉

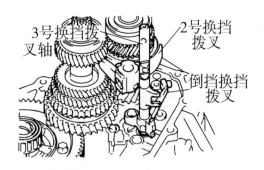

图 2-2-42 拆下拨叉轴、拨叉

③用磁吸工具从倒挡换挡拨叉上拆下 2 个 倒挡换挡拨叉钢球。

④用 2 把螺丝刀和锤子从 3 号换挡拨叉轴上轻轻敲出卡环。

⑤从 3 号换挡拨叉轴上拆下倒挡拨叉。

(35)从传动桥壳拆下输入轴总成和输出轴总成。

(36)拆卸差速器壳总成。

(37)从传动桥壳上拆下螺栓和手动传动桥壳集油槽,如图 2-2-43 所示。

(38)拆卸倒挡定位销总成。

①用六角扳手从手动变速器壳体上拆下倒挡定位销螺塞。

②用尖冲头($\phi 5mm$)和锤子从手动变速器壳体上敲出开槽弹簧销,并拆下倒挡定位销总成,如图 2-2-44 所示。

(39)拆卸 1 号集油管。

(40)拆卸 2 号集油管。

(41)拆卸轴承锁止板。

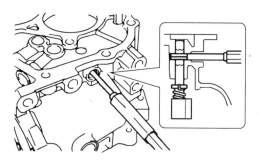

图 2-2-43　拆下螺栓和手动
　　　　　　传动桥壳集油槽

图 2-2-44　敲出开槽弹簧销

(42) 拆卸变速器磁铁。

(43) 用 SST 从传动桥壳上拆下输入轴前轴承。

(44) 用螺丝刀从传动桥壳上拆下前传动桥壳油封。

(45) 用 SST 从传动桥壳拆下输出轴前轴承,如图 2-2-45 所示。

(46) 从传动桥壳上拆下输出轴盖。

(47) 拆卸前差速器壳前滚锥轴承。

①用 SST 从传动桥壳上拆下前差速器壳前滚锥轴承(外座圈)和平垫圈,如图 2-2-46 所示。

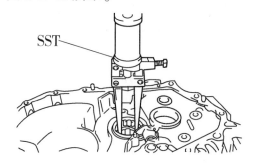
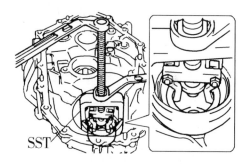

图 2-2-45　拆下输出轴前轴承

图 2-2-46　拆下前差速器壳前滚锥
　　　　　　轴承(外座圈)和平垫圈

②用 SST 从差速器壳总成上拆下前差速器壳前滚锥轴承(内座圈),如图 2-2-47 所示。

(48) 拆卸传动桥壳油封。

(49) 拆卸前差速器壳后滚锥轴承。

(50) 用 SST 和锤子从手动变速器壳体上敲出变速器油封,如图 2-2-48 所示。

(51) 拆卸换挡和选挡杆轴油封,如图 2-2-49 所示。

(52) 拆卸换挡和选挡杆轴滑动滚珠轴承,如图 2-2-50 所示。

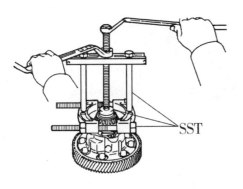

图2-2-47 拆下前差速器壳前滚锥轴承

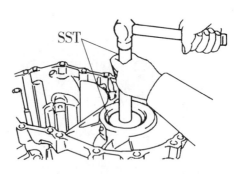

图2-2-48 敲出变速器油封

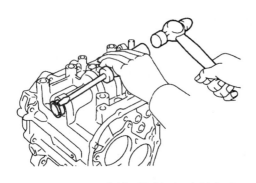

图2-2-49 拆卸换挡和选挡杆轴油封

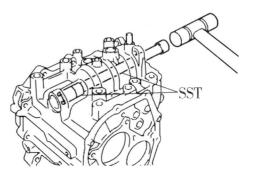

图2-2-50 拆卸换挡和选挡杆轴滑动滚珠轴承

4. 变速器零部件的检查

1)检查同步器3号锁环

(1)检查磨损和损坏情况。

(2)在5挡齿轮锥上涂抹齿轮油。

(3)将同步器锁环推向5挡齿轮锥的同时使其沿一个方向转动。

(4)检查并确认锁环锁止,如果同步器锁环未锁止,更换同步器锁环,如图2-2-51所示。

(5)用厚薄规测量同步器锁环和花键齿轮端部之间的间隙,如图2-2-52所示。如果间隙小于最小值,则更换同步器锁环。

技术要求:标准间隙为0.75~1.65mm;最小间隙为0.75mm。

2)检查变速器3号接合套

(1)检查变速器3号接合套和变速器3号离合器毂之间的滑动情况,如图2-2-53所示。

图 2-2-51 检查同步器 3 号锁环

图 2-2-52 用厚薄规检查同步器 3 号锁环

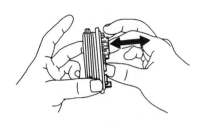
图 2-2-53 检查变速器 3 号接合套

(2)检查并确认变速器 3 号接合套的花键齿轮边缘未磨掉。

(3)用游标卡尺测量变速器 3 号接合套凹槽宽度(A)和 3 号换挡拨叉卡爪部分的厚度(B),并计算间隙,如图 2-2-54 所示。如果间隙超过标准值,更换变速器 3 号接合套和 3 换挡拨叉。

技术要求:标准间隙($A-B$)为 $0.3\sim0.5$mm。

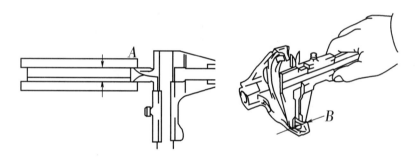

图 2-2-54 用游标卡尺测量 A 和 B

3)检查 5 挡齿轮

用测径规测量 5 挡齿轮的内径,如图 2-2-55 所示。如果内径超过最大值,更换 5 挡齿轮。

技术要求:标准内径为 $29.915\sim29.931$mm;最大内径为 29.931mm。

4)检查倒挡惰轮总成

(1)用测径规检查倒挡惰轮,如图 2-2-56 所示。如果内径超过最大值,更换倒挡惰轮分总成。

技术要求:标准内径为 $18.040\sim18.058$mm;最大内径为 18.058mm。

(2)用螺旋测微器检查倒挡惰轮轴,如图 2-2-56 所示。如果外径小于最小值,更换倒挡惰轮轴。

技术要求:标准外径为 $17.966\sim17.984$mm;最小外径为 17.966mm。

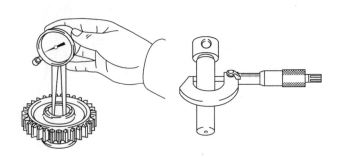

图 2-2-55　用测径规测量 5 挡齿轮的内径　　图 2-2-56　检查倒挡惰轮总成

5) 变速器输入轴的检查

(1) 用百分表检查输入轴的径向圆跳动,如图 2-2-57 所示。如果径向圆跳动超过最大值,更换输入轴。

技术要求:最大径向跳动为 0.015mm。

(2) 用螺旋测微器在所示位置测量输入轴轴颈表面的外径,如图 2-2-58 所示。如果任一外径小于最小值,更换输入轴。

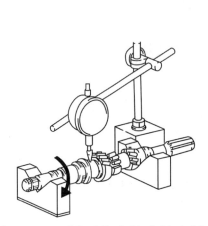
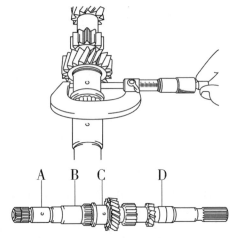

图 2-2-57　用百分表检查输入轴的径向圆跳动　　图 2-2-58　测量输入轴轴颈表面的外径

技术要求:标准外径,部位 A 为 24.885～24.900mm;部位 B 为 28.991～29.006mm;部位 C 为 30.985～31.000mm;部位 D 为 24.985～25.000mm。

最小外径,部位 A 为 24.885mm;部位 B 为 28.991mm;部位 C 为 30.985mm;部位 D 为 24.985mm。

(3) 用量缸表测量 4 挡齿轮的内径,如图 2-2-59 所示。如果内径超过最大值,更换四挡齿轮。

技术要求:标准内径为 34.015~34.031mm;最大内径为 34.031mm。

(4)用量缸表测量 3 挡齿轮的内径。如果内径超过最大值,更换 3 挡齿轮。

技术要求:标准内径为 36.015~36.031mm;最大内径为 36.031mm。

(5)检查 4 挡齿轮同步器锁环。

①检查磨损和损坏情况。

②在 4 挡齿轮锥上涂抹齿轮油。

③将同步器锁环推向 4 挡齿轮锥的同时使其沿一个方向转动。

④检查并确认锁环锁止。如果同步器锁环未锁止,更换同步器锁环。

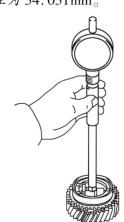

图 2-2-59　测量 4 挡齿轮的内径

⑤用厚薄规测量同步器锁环和花键齿轮端部之间的间隙。如果间隙小于最小值,更换同步器锁环。

技术要求:标准间隙为 0.75~1.65mm;最小间隙为 0.75mm。

(6)检查 3 挡齿轮同步器锁环。

①检查磨损和损坏情况。

②在 3 挡齿轮锥上涂抹齿轮油。

③将同步器锁环推向 3 挡齿轮锥的同时使其沿一个方向转动。

④检查并确认锁环锁止。如果同步器锁环未锁止,更换同步器锁环。

⑤用测隙规测量同步器锁环和花键齿轮端部之间的间隙。如果间隙小于最小值,更换同步器锁环。

技术要求:标准间隙为 0.75~1.65mm;最小间隙为 0.75mm。

(7)检查变速器 2 号接合套。

①检查变速器 2 号接合套和变速器 2 号离合器毂之间的滑动情况。

②检查并确认变速器 2 号接合套的花键齿轮边缘未磨掉。

③用游标卡尺测量变速器 2 号接合套凹槽宽度(B)和 2 号换挡拨叉卡爪部分的厚度(A),并计算间隙。如果间隙超出规定范围,更换变速器 2 号接合套和 2 号换挡拨叉。

技术要求:标准间隙($B-A$)为 0.15~0.35mm。

6)变速器输出轴的检查

(1)用百分表和 2 个 V 形块检查输出轴径向圆跳动,如图 2-2-60 所示。

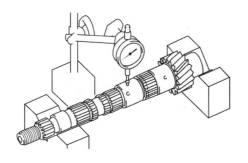

图 2-2-60　检查输出轴径向跳动

最大径向圆跳动为 0.015mm。如果径向圆跳动超过最大值,更换输出轴。

(2)用螺旋测微器在所示位置测量输出轴轴颈表面的外径,如图 2-2-61 所示。如果外径小于最小值,更换输出轴。

技术要求:标准外径,部位 A 为 31.985~32.000mm;部位 B 为 37.985~38.000mm;部位 C 为 32.985~33.000mm。

(3)用量缸表测量 2 挡齿轮的内径。如果内径超过最大值,更换 2 挡齿轮。

技术要求:标准内径为 38.015~38.031mm;最大内径为 38.031mm。

(4)用量缸表测量 1 挡齿轮的内径。如果内径超过最大值,更换 1 挡齿轮。

技术要求:标准内径为 44.015~44.031mm;最大内径为 44.031mm。

(5)用螺旋测微器测量 1 挡齿轮止推垫圈。如果厚度小于最小值,更换 1 挡齿轮止推垫圈。

技术要求:标准厚度为 5.975~6.025mm;最小厚度为 5.975mm。

(6)检查同步器 2 号锁环组件(2 挡齿轮)。

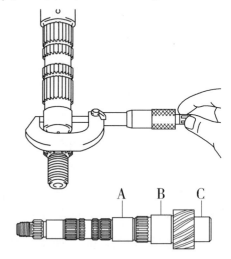

图 2-2-61　测量输出轴轴颈表面的外径

①在 2 挡齿轮锥和同步器 2 号锁环组件(内环、中环和外环)上涂抹齿轮油。

②将内环安装至 2 挡齿轮。

③将中环安装至 2 挡齿轮。

④将外环安装至 2 挡齿轮。

⑤检查磨损和损坏情况。

⑥将同步器锁环组件推向 2 挡齿轮锥的同时使其沿一个方向转动。

⑦检查并确认锁环组件锁止。如果同步器锁环组件未锁止,更换同步器锁环组件。

⑧用厚薄规测量同步器锁环和花键齿轮端部之间的间隙。如果间隙小于最小值,更换同步器锁环组件。

技术要求：标准间隙为 0.60～1.40mm；最小间隙为 0.60mm。

(7) 检查同步器 1 号锁环组件（1 挡齿轮）。

①在 1 挡齿轮锥和同步器 1 号锁环组件（内环、中环和外环）上涂抹齿轮油。

②将内环安装至 1 挡齿轮。

③将中环安装至 1 挡齿轮。

④将外环安装至 1 挡齿轮。

⑤检查磨损和损坏情况。

⑥将同步器锁环组件推向 1 挡齿轮锥的同时使其沿一个方向转动。

⑦检查并确认锁环组件锁止。如果同步器锁环组件未锁止，更换同步器锁环组件。

⑧用厚薄规测量同步器锁环和花键齿轮端部之间的间隙。如果间隙小于最小值，更换同步器锁环组件。

技术要求：标准间隙为 0.60～1.40mm；最小间隙为 0.60mm。

(8) 检查倒挡齿轮。

用游标卡尺测量倒挡齿轮凹槽宽度（A）和倒挡拨叉卡爪部分的厚度（B），并计算间隙。如果间隙超出规定范围，更换倒挡齿轮和倒挡换挡拨叉。

技术要求：标准间隙（$A-B$）为 0.15～0.35mm。

(9) 检查变速器 1 号离合器毂。

①检查并确认变速器 1 号离合器毂和倒挡齿轮滑动平稳。

②检查并确认倒挡花键齿轮边缘没有被磨掉。

5. 变速器装配

友情提示：变速器装配顺序按拆卸相反顺序进行；按要求更换衬垫、油封等一次性零件；各部分螺栓按规定力矩拧紧。

三、评价与反馈

班 级		姓 名		学 号		日 期	

课题二　手动变速器换挡困难故障的诊断与排除

一、相关知识

1. 简述手动变速器的结构组成。

2. 试分析丰田卡罗拉轿车5挡手动变速器各挡动力传递路线。

二、操作内容

请根据你所检查的实际情况填写以下内容：

(1) 变速器各挡齿轮的检查情况：＿＿＿＿＿＿＿＿＿＿＿＿＿＿；

(2) 各传动轴的检查情况：＿＿＿＿＿＿＿＿＿＿＿＿＿＿＿＿；

(3) 各挡同步器的检查情况：＿＿＿＿＿＿＿＿＿＿＿＿＿＿＿；

(4) 变速器壳体的检查情况：＿＿＿＿＿＿＿＿＿＿＿＿＿＿＿；

(5) 变速器操纵机构的工作情况：＿＿＿＿＿＿＿＿＿＿＿＿。

三、评价反馈

1. 学生自我评价该课题的完成情况：

2. 学生建议(含对教师的评价、要求及教学建议等)：

| 成绩评定 | | 教师 | |

知识拓展

请根据客户报修内容，编写修理方案。

报修内容：一辆丰田卡罗拉轿车，采用5挡手动变速器。车主反映汽车在加速、减速、爬坡或汽车剧烈振动时，变速杆自动跳回空挡位置，需要你对变速器进行检测，确定故障部位并进行修理。请编写该车的修理方案。

项目三　自动变速器的检修

项目描述

在汽车发展的历史中,伴随着轿车大量进入家庭的同时,出现了大量非职业驾驶人,由于自动变速器能够根据发动机的负荷和车辆的行驶速度自动地变换合适的挡位,减轻了驾驶人的操作强度,驾驶人不需要掌握手动变速器车辆使用离合器时复杂的换挡动作,加之采用电液控制,发动机和传动系统不易过载,所以近年来自动变速器的装车率逐年上升。

对于自动变速器的车辆,需经常检查或更换自动变速器油(ATF);同时在使用过程中会出现换挡冲击、打滑、缺少某个挡位等一系列故障现象。由于自动变速器结构复杂,出现故障后需要对变速器的电子控制系统、液压控制系统等进行全面的检修和调整。为了解决这些关于自动变速器的常见故障,需要学习并掌握以下理论知识和操作技能。

项目要求

1. 掌握ATF的作用、检查方法和标准;
2. 掌握自动变速器常见的检查调整项目,如驻车挡/空挡位置开关的检查和调整,自动变速器的油压测试等;
3. 能安全规范检修自动变速器液力变矩器;
4. 能安全规范检修自动变速器液压控制系统;
5. 能安全规范检修自动变速器行星齿轮机构;
6. 能安全规范检修自动变速器的换挡执行元件;
7. 能安全规范检修自动变速器的电子控制系统;
8. 掌握自动变速器常见故障诊断与排除方法;
9. 正确地使用工具和设备;
10. 与同学密切合作,规范、安全地调整、测试、检修自动变速器的各个系统。

课题一　自动变速器油的检查和更换

学习目标

完成本课题学习后,你应能:
1. 叙述 ATF 的作用、检查方法和标准;
2. 分析 ATF 的变质原因;
3. 正确选用 ATF;
4. 叙述 ATF 的检查更换周期;
5. 与同学密切合作,规范、安全地检查油液渗漏、油面和油质及更换。

建议课时

2 课时。

学习任务(情境)描述

一辆 2020 款装配自动变速器的轿车,行驶里程为 4 万 km。进厂进行常规维护,需对自动变速器油液进行检查,并根据检查情况及车辆维护手册确定是否需要更换 ATF。

学习内容

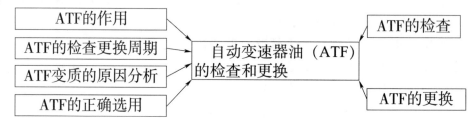

一、资料收集

1. 自动变速器油的作用

自动变速器油简称 ATF,是自动变速器的血液,具有传递能量、润滑、冷却、清洗、防锈的作用。

2. 为什么要定期检查 ATF

自动变速器中 ATF 油面的高低对变速器的性能影响很大。若 ATF 油面过高，旋转机件旋转时剧烈搅动油液并产生气泡，气泡混入 ATF 内，会降低液压回路的油压，影响控制阀的正常工作。同时，还会引起离合器、制动器打滑，加剧磨损。若 ATF 油面过低，油泵吸入空气或油液中渗入空气，同样导致产生前述类似的问题。另外 ATF 油面过低还会使润滑冷却条件变差，加速 ATF 的氧化变质。一般加入自动变速器中的油液数量，应保证在液力变矩器及各操纵油缸充满以后，自动变速器中 ATF 油面高度低于行星齿轮等旋转件的最低点，高出阀体与变速器壳体的接合面。在自动变速器中，ATF 液面的高低与油液的温度和自动变速器的工作状况有关。温度升高 ATF 油面也升高，当自动变速器正常运转时，ATF 充注在自动变矩器和各油缸油道内，液面下降，熄火后，油面会升高。因此，ATF 油面高度的检查是在规定的条件下进行。

自动变速器油在正常工作温度下一般能行驶约 4 万 km 或 24 个月，影响 ATF 油液和自动变速器使用寿命的最重要因素之一是 ATF 油液的温度，而影响 ATF 油液温度的主要因素是液力变矩器有故障，离合器、制动器滑转或分离不彻底，单向离合器滑转和油冷却器堵塞等，所以油液温度过高或急剧上升是十分重要和危险的信号，说明自动变速器内部有故障或油量不够。若发现油液温度过高，应当立即停车检查。延长自动变速器使用寿命的关键就在于经常检查油面、油质。

3. 油面高度检查方法及标准

(1) 刻度油尺检查方法：如果自动变速器处于冷态（即冷车刚刚起动，液压油的温度较低，为室温或低于 25℃ 时），ATF 油面高度应在油尺刻线的下限附近；如果自动变速器处于热态（如低速行驶 5min 以上，ATF 温度已达 70~80℃），ATF 油面高度应在油尺刻线的上限附近，如图 3-1-1 所示。

(2) 溢油孔式检查方法：检查时使车身保持水平，如果有少量油溢出即为合适。

提示：ATF 在正常工作情况下一般能行驶约 4 万 km 或 24 个月，ATF 会因温度变化频繁和变化幅度大而发生变质，因此，每 6 个月至少检查一次。

4. ATF 变质原因及检查方法

如图 3-1-2 所示，在检查 ATF 油质时，可通过眼看、鼻闻、手摸的方法进行判断。在手指上点少许 ATF，用手指互相摩擦看是否有渣粒，或将油尺上的 ATF 滴在干净的白纸上，检查 ATF 的颜色及气味。

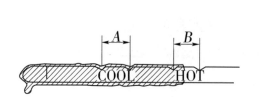 

图 3-1-1　液面高度标准　　　图 3-1-2　油质检查

正常的 ATF 应该是红色或粉色的透明液体,若检查过程发现 ATF 出现下列情况,说明 ATF 已经变质。油液状态及故障原因见表 3-1-1。

油液状态及变质原因　　　　　表 3-1-1

油 液 状 态	变 质 原 因
油液变为深褐色或深红色	(1)没有及时更换油液; (2)长期重载荷运转,某些部件打滑或损坏引起变速器过热
油液中有金属屑	离合器盘、制动器盘或单向离合器严重磨损
油尺上黏附胶质油膏	变速器油温过高
油液有烧焦气味	(1)油温过高、油面过低; (2)油冷却器或管路堵塞
油液从加油管溢出	油面过高或通气孔堵塞

5. 如何判断 ATF 是否需要更换

具体是否需要更换随车型不同而有差异,应参考维修手册。一般情况用两种办法来确定 ATF 是否需要更换:一是根据该车的行驶里程来确定;二是根据 ATF 的品质进行判断。如果 ATF 已经变质,即使行驶里程还没有达到,也需要更换。

6. 如何正确选用 ATF

ATF 分为两大类,即通用型用油与专用油。

通用型用油是指能使用在大部分车型上的自动变速器用油,目前国内各车型的变速器主要使用符合美国 GM 公司和 FORD 公司制定的标准。GM 公司制定的标准称为 DEXRON,FORD 公司制定的标准称为 MERCON。

专用油是汽车制造厂委托油品生产商为其配套使用的自动变速器油。

在选定自动变速器油时,对自动变速器的结构要求和换挡特性的要求都要考虑,选择 ATF 的最好办法是查阅车辆维修手册。

二、实训操作

1. 技术标准与要求

油质:正常的 ATF 应该是红色或粉色的透明液体。油面高度:①刻度油尺检查方法:看油尺;②溢油孔式检查方法:检查时使车车身保持水平,如果有少量油溢出即为合适。

2. 工具、设备和材料的准备

自动挡轿车、换油机、油桶、ATF、常用工具等。

3. 作业前的准备

准备维修手册中规定的 ATF,车辆技术状况正常。

4. 检查渗漏

检查自动变速器的下列区域是否漏液:壳体接触面,轴和拉索伸出的区域,各种传感器密封圈、各种压力测试口的测试塞和密封圈、各管路的密封、油底壳等,检查油冷却软管是否有裂纹、隆起或者损坏。如图 3-1-3 所示。

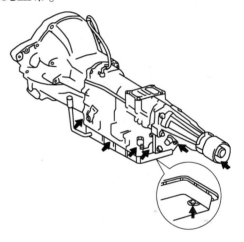

图 3-1-3 检查渗漏

5. 检查油面高度和油质

(1)将汽车停放在水平地面上,拉紧驻车制动器操纵杆,如图 3-1-4a)所示。

(2)将发动机怠速运转至正常温度,如图 3-1-4b)所示。

(3)踩下制动踏板,将选挡杆分别拨至各挡位,并在每个挡位停留几秒,使液力变矩器和所有换挡元件中都充满自动变速器油,如图 3-1-4c)所示。

(4)将选挡杆拨至"P"位,如图 3-1-4d)所示。

(5)拔出油尺并擦干净,将擦干净的油尺全部插入加油管后再拔出,检查油面高度,如图 3-1-4e)所示。

(6)从油尺上嗅一嗅油液的气味,在手指上点少许油液,用手指互相摩擦看是否有渣粒,或将油尺上的ATF 滴在干净的白纸上,检查 ATF 的颜色及气味。

6. 更换自动变速器油

更换 ATF 有两种方法,一种是采用 ATF 交换机换油,另一种是人工换油。

ATF 交换机的操作方法请参考操作说明。在更换 ATF 之前,首先预热自动变速器,并将挡位挂入不同的位置,避免 ATF 中的杂质沉淀在油底壳中。然后再采用 ATF 交换机进行更换,ATF 交换机利用汽车自身压力作循环清洗,将变速器内的金属屑、积胶、油泥逐步软化,脱落后带出汽车外,经滤清器过滤清除,然后再更换变速器油。使用 ATF 交换机进行更换,可使变速器换油更加彻底,同时可清洗变速器内部,从而恢复变速器的性能,最有效地保护自动变速器,延长其使用寿命。

如果该车型不适合使用 ATF 交换机,则选择人工换油(图 3-1-5、图 3-1-6)。人工换油的方法为:

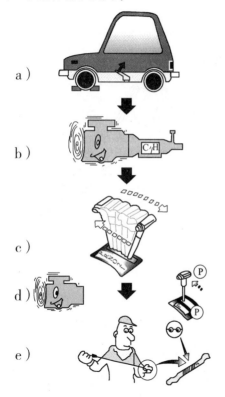

图 3-1-4　检查油面高度和油质

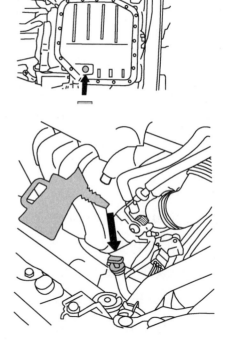

图 3-1-5　人工换油(1)

(1) 变速器达到正常工作温度。
(2) 拆开放油螺塞。
(3) 将旧油放完后再拧上螺栓。
(4) 加入新的 ATF。
(5) 起动,来回操作挡位。
(6) 重复操作步骤(2)~(5),为了保证换油比较彻底,应该重复至少 2 次以上。
(7) 检查液位直至符合规定。

项目三　自动变速器的检修

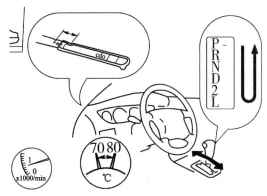

图 3-1-6　人工换油(2)

提示：检查或更换 ATF 后，必须更换放油螺塞的密封圈；ATF 油温较高，更换时避免烫伤；废弃的 ATF 应收纳于专用储油罐中。

三、评价与反馈

班　级		姓　名		学　号		日　期	

课题一　自动变速器油的检查和更换

一、相关知识

1. 自动变速器油的作用：

2. ATF 油面高度检查方法及标准：

二、操作内容

请根据你所检查的实际情况填写以下内容。

1. ATF 的颜色为：_____。

2. 自动变速器有无渗漏：_____。

3. ATF 油面高度的检测数据。

(1) 自动变速器处于：_____。

(2) 车身是否保持水平：_____。

(3) 写出自己的检测步骤：

① _____；

② _____；

③ _____。

续上表

三、评价反馈			
1. 学生自我评价该课题的完成情况：			
2. 学生建议（含对教师的评价、要求及教学建议等）：			
成绩评定		教师	

1. 目前有很多的汽车制造厂都称其自动变速器为免维护自动变速器，免维护自动变速器需要换油吗？应该选择什么油呢？

2. 查阅维修手册，说明一汽速腾 09G、丰田卡罗拉 U340E ATF 油面高度的检查及 ATF 的更换方法。

 驻车挡/空挡位置开关的检查和调整

完成本课题学习后，你应能：

1. 认识挡位开关的安装位置；

2. 叙述挡位开关的作用;
3. 了解挡位开关各位置的功能;
4. 理解挡位开关内部活动触点各位置的意义;
5. 查阅维修手册,检查、调整挡位开关。

建议课时

2 课时。

学习任务(情境)描述

一辆丰田轿车,装配 A340E 型自动变速器,出现换挡杆位于 P 位而与仪表显示不符合,同时起动车辆时,起动机无动作的故障现象。需要你对挡位开关进行检查和调整来排除故障。

学习内容

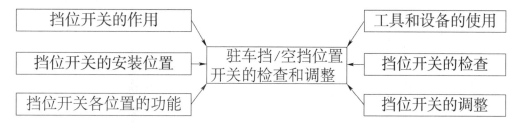

一、资料收集

1. 驻车挡/空挡位置开关安装位置

驻车挡/空挡位置开关又称空挡起动开关。多数自动变速器的空挡起动开关与挡位指示开关为一个整体,安装于自动变速器壳体外的手动阀摇臂的一端,空挡起动开关内的活动触点随摇臂轴转动而摆动,如丰田、奔驰、别克等汽车,如图 3-2-1 所示。

2. 驻车挡/空挡位置开关的作用

空挡起动开关用以判断换挡杆的位置,防止发动机在驱动挡位时起动。当换挡杆位于驻车挡/空挡位置(P/N)时,起动开关接通,这时起动发动机,起动开关便向电控单元输出起动信号,使发动机得以起动。如果换挡杆位于任一驱动位置,则起动开关断开,发动机不能起动,从而保证使用安全。再者,当换挡杆置于不同位置时,空挡起动开关便接通相关电路,电控单元根据接通电路的信号,控制变速器进行自动换挡。

3.挡位开关的内部触点

常用的挡位开关是触点式开关,丰田 A340 的挡位开关内部触点如图 3-2-2 所示。当换挡杆位于不同位置时,相应的触点被接通。电控单元根据被接触的触点,测得换挡杆的位置,从而按照不同的程序控制自动变速器的工作。

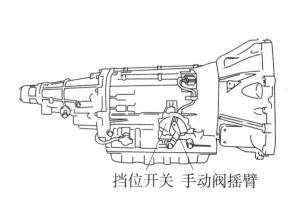

图 3-2-1 挡位开关的安装位置

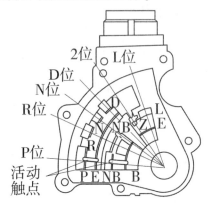

图 3-2-2 挡位开关的内部触点

4.挡位开关各位置

正确的挡位开关应在 P 或 N 位能起动发动机,其他位置不能起动。当换挡杆置于 R 位时,车辆应能倒车,且倒车灯应该点亮。当换挡杆分别置于 D、2、L 位时,车辆应能前进。

二、实训操作

1.技术标准与要求

丰田 A340E 自动变速器挡位开关的导通情况,见表 3-2-1。

丰田 A340E 自动变速器挡位开关的导通情况　　表 3-2-1

挡位＼端子	3	2	9	1	4	6	5	7	8
P	○	○	○	○					
R			○		○	○			
N	○	○	○				○		
D			○			○			
2			○					○	
L			○						○

2. 工具、设备和材料的准备

丰田 SC400 自动挡轿车、万用表、专用工具及通用工具等。

3. 作业前的准备

换挡杆的连杆机构正确,电气线路正确。

4. 检查挡位开关的导通情况

(1) 用举升器将汽车升起。

(2) 拆下连接在自动变速器手动阀摇臂和换挡杆之间的连杆。

(3) 拔下挡位开关的线束插头。

(4) 将手动阀摇臂拨至各个挡位,同时用万用表测量挡位开关线束插座内各插孔之间的导通情况,如图 3-2-3 所示。

(5) 将测量结果与标准进行比较。如果有不符,应重新调整挡位开关。

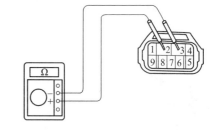

图 3-2-3　挡位开关的导通情况

5. 挡位开关的调整

1) 刻度线式空挡起动开关的检查和调整

这种类型的空挡起动开关常见于丰田轿车自动变速器上,如图 3-2-4 所示,在 N 位时换挡杆轴上的槽与空挡起动开关上的刻度线对齐,否则应松开空挡起动开关固定螺钉进行调整。

2) 销孔式空挡起动开关的检查和调整

这种类型的空挡起动开关使用得较多,在三菱、日产、奔驰、欧宝等车系自动变速器上都有采用。如图 3-2-5 所示,挡位开关体上有一圆凹孔,选挡杆轴摇臂上有一圆孔,在 N 位时这两孔应对齐,检查时可通过观察或用圆柱锁销插入看是否能插到凹孔内,否则,应松开固定螺钉进行调节。

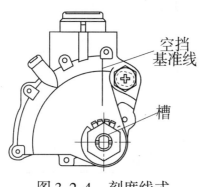

图 3-2-4　刻度线式

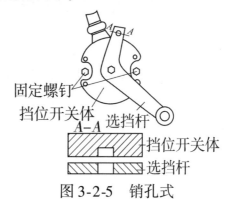

图 3-2-5　销孔式

三、评价与反馈

班　级		姓　名		学　号		日　期	

课题二　驻车挡/空挡位置开关的检查和调整

一、相关知识

1. 驻车挡/空挡位置开关的作用：

2. 挡位开关各位置及作用：

二、操作内容

请根据你所检查的实际情况填写以下内容（选用丰田 A340E 型自动变速器）：

1. P 挡时端子 3 和端子 2 之间的电阻：_____ Ω。
2. P 挡时端子 9 和端子 1 之间的电阻：_____ Ω。
3. R 挡时端子 9 和端子 4 之间的电阻：_____ Ω。
4. N 挡时端子 3 和端子 2 之间的电阻：_____ Ω。
5. N 挡时端子 9 和端子 6 之间的电阻：_____ Ω。
6. D 挡时端子 9 和端子 5 之间的电阻：_____ Ω。
7. 2 挡时端子 9 和端子 7 之间的电阻：_____ Ω。
8. 1 挡时端子 9 和端子 8 之间的电阻：_____ Ω。

三、评价反馈

1. 学生自我评价该课题的完成情况：

2. 学生建议（含对教师的评价、要求及教学建议等）：

成绩评定		教师	

知识拓展

(1)查阅资料,了解别克4T65E、大众01M自动变速器挡位开关的检查调整方法。

(2)结合挡位开关的作用,说明若挡位开关功能失调,会造成自动变速器哪些故障现象。

课题三 故障警告灯点亮的诊断

完成本课题学习后,你应能:
1. 叙述故障警告灯的作用;
2. 用故障警告灯读取故障码;
3. 进行自动变速器的各种试验;
4. 利用试验结果判断故障。

4课时。

学习任务(情境)描述

装配自动变速器的车辆在出现故障时,通常会点亮故障警告灯,此时我们可以通过读取故障码,并结合各种试验,如道路试验、失速试验、油压测试等来综合分析、判断故障,而不能盲目地进行拆卸。

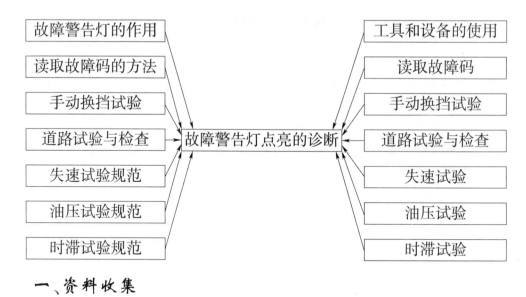

一、资料收集

1. 自动变速器故障警告灯的作用

电控变速器控制装置用于监测变速器的工作情况。如果自动变速器的某些电子元件发生故障,仪表盘上的 OD/OFF 灯(故障警告灯)会以特定的方式闪烁,从而警告驾驶员有故障发生。

2. 如何利用故障警告灯判断故障

电控变速器控制系统中,配有一个可存储电控系统失效或出故障时的诊断故障代码的自诊断系统,如果电子元件发生故障,会以故障码的形式储存在这个系统中,并可根据故障警告灯的闪烁方式来读出故障代码,从而为故障判断提供依据。

丰田 A340 系列自动变速器读取故障码的方法如下:

提示:读取故障码之前,应保证蓄电池电压正常和 OD/OFF 灯工作正常。

(1)接通点火开关,不要起动发动机,按下超速挡开关至 ON 位置。

提示:只有超速挡开关在 ON 位置才能读取故障码,如果在 OFF 位置,OD/OFF 灯将一直点亮,因而无法闪烁故障代码。

(2)用跨接线连接诊断接口的 TE1 和 E1 端子。

(3)记下仪表盘上 OD/OFF 灯的闪烁次数,如果系统工作正常,OD/OFF 灯将每秒闪烁 2 次。

(4)如果系统工作正常且没有故障代码,可断开点火开关,拆下跨接线,进行

项目三 自动变速器的检修

其他试验。

(5) 如果存在故障代码,OD/OFF 灯将每秒闪烁 1 次。闪烁的次数等于故障代码的第一位数字,即十位数。间隔 1.5s 以后,显示第二位数字(个位数)。

(6) 如果存在的故障码不止一个,间隔 2.5s 后显示第二个故障代码,一般先显示最小的故障代码。一旦读取了故障码,就可根据故障码相应的故障进行检修。

(7) 断开点火开关,拆下跨接线。

提示:修理完成后,必须清除电控装置存储器中的故障码。一般是用拆除 EFI 熔断丝的方法清除。

二、实训操作

1. 技术标准与要求

见各步骤中的标准。

2. 工具、设备和材料的准备

丰田 A341E 型自动变速器,通用及专用工具,尼龙布等。

3. 作业前的准备

在道路试验之前,应先让汽车以中低速行驶 5~10min,让发动机和自动变速器都达到正常工作温度。

4. 手动换挡试验与检查

手动换挡试验只有对于电控变速器才有此试验。此试验是人为地使电子控制自动变速器脱离车上电控单元 ECU 的控制,由测试人员手动进行各挡位的试验。因电子控制自动变速器都有安全失效保护功能,也即当电控系统出故障时,自动变速器还能用某些挡来行驶,而且换挡杆在不同位置时获得对应的挡位。不同车型的电子控制自动变速器在脱开换挡电磁阀线束插头后的挡位和换挡杆的关系都不完全相同。具体车型见表 3-3-1~表 3-3-4。

丰田 A341E 手动换挡工作表　　　　表 3-3-1

换挡杆位置	D 挡位	2 挡位	L 挡位	R 挡位	P 挡位
挡位	超速挡	3 挡	1 挡	倒车挡	锁定棘轮

丰田 A43DE 手动换挡工作表　　　　表 3-3-2

换挡杆位置	D 挡位	2 挡位	L 挡位	R 挡位	P 挡位
挡位	超速挡	2 挡	1 挡	倒车挡	锁定棘轮

本田 MYPY 手动换挡工作表　　表 3-3-3

换挡杆位置	D4 挡位	D3 挡位	2 挡位	L 挡位	R 挡位	P 挡位
挡位	4 挡	4 挡	2 挡	2 挡	倒车挡	锁定棘轮

马自达 R4A-EL 手动换挡工作表　　表 3-3-4

换挡杆位置	D 挡位	S 挡位	L 挡位	R 挡位	P 挡位
挡位	3 挡	3 挡	2 挡	倒车挡	锁定棘轮

手动换挡试验的步骤如下：

(1) 关闭发动机，脱开电子控制自动变速器的所有换挡电磁阀线束插头。

(2) 起动发动机，将换挡杆拨至不同位置，然后做道路试验（也可以将驱动轮悬空，进行台架试验）。

(3) 观察发动机转速和车速的对应关系，以判断自动变速器所处的挡位。不同挡位时发动机转速与车速的关系可参考表 3-3-5。由于变矩器的减速作用与传递的转矩有关，因此，表中车速只能作为参考，实际车速将随着行驶中加速踏板位置的不同而产生一定的变化。

自动变速器不同挡位时发动机转速和车速的关系　　表 3-3-5

挡位	发动机转速 (r/min)	车速 (km/h)
1 挡	2 000	18~22
2 挡	2 000	34~38
3 挡	2 000	50~55
超速挡	2 000	70~75

(4) 若换挡杆位于不同位置时，自动变速器所处的挡位与表 3-3-5 相同，说明电子控制自动变速器的阀板及换挡执行元件基本上工作正常；否则，说明自动变速器的阀板或换挡执行元件有故障。若换挡杆位于不同位置时，自动变速器所处的挡位与手动换挡工作表相同，但接回电磁阀线束插头时换挡不正常，说明故障出在电子控制系统。若有一挡位动作异常，则说明故障在变速器机械或液压部分。

(5) 试验结束后，接上电磁阀线束插头。

5. 自动变速器的道路试验与检查

道路试验是诊断、分析自动变速器故障最有效的手段之一。此外，自动变速器在修复之后，也应进行道路试验，以检查其工作性能，检验修理质量。自动变速器的道路试验内容主要有:检查换挡车速、换挡质量以及检查换挡执行元件有无打滑等。道路试验的方法如下。

提示:在试验中,如无特殊需要,通常应将超速挡开关置于 ON 位置(即超速指示灯熄灭),并将模式开关置于普通模式或经济模式的位置。

1) 升挡检查

(1) 检查步骤:

① 将换挡杆拨至前进挡(D)位置。

② 踩下加速踏板,并使节气门保持在 1/2 开度左右。

③ 让汽车起步加速,检查变自动变速器的升挡情况。

(2) 试验结果分析:

① 自动变速器在升挡时,发动机会有瞬时的转速下降,如果有转速表会发现发动机转速下降,同时车身有轻微的振动感。

② 正常情况下,汽车 D 挡起步后随着车速的升高,试车者应能感觉到自动变速器顺利地由 1 挡升入 2 挡,随后再由 2 挡升入 3 挡,最后升入超速挡。

③ 若自动变速器不能升入高挡(直接挡或超速挡),说明换挡控制元件(如换挡阀)或换挡执行元件(如离合器、制动器)有故障。

2) 升挡车速检查

(1) 检查步骤:

① 将换挡杆拨至前进挡(D)位置。

② 踩下加速踩板,使节气门保持某一固定开度(如 50%)。

③ 让汽车起步并加速。

④ 当感觉到自动变速器升挡时,记下升挡车速。

一般 4 挡自动变速器在节气门开度保持在 50% 左右时,升挡车速可以参考表 3-3-6。

升 挡 车 速　　　　表 3-3-6

节气门开度50%	1→2 挡	2→3 挡	3→4 挡
升挡车速	25~30km/h	35~50km/h	55~85km/h

(2) 试验结果分析:

① 由于升挡车速和节气门开度有很大的关系,即节气门开度不相同时,升挡车速也不同,而且不同车型的自动变速器各挡位传动比的大小都不尽相同,其升挡车速也不完全一样。因此,只要升挡车速基本保持在上述范围内,而且汽车行

驶中加速良好，无明显的换挡冲击，都可认为其升挡车速基本正常。

②若汽车行驶中加速无力，升挡车速明显低于上述范围，说明升挡车速过低（即过早升挡，类似于手动变速器的低速高挡）。

③若汽车行驶中有明显的换挡冲击，升挡车速明显高于上述范围，则说明升挡车速过高（即升挡太迟，类似于手动变速器的高速低挡）。

④升挡车速太低，一般是控制系统的故障所致，如节气门拉索调整不当。

⑤升挡车速太高，可能是控制系统的故障所致，也可能是换挡执行元件的故障所致，如某一挡位的换挡执行元件打滑。

3）升挡时发动机转速的检查

在上述升挡车速检查时，应同时观察发动机转速的变化情况。发动机转速是判断自动变速器是否正常工作的重要依据之一。

一般4挡自动变速器在节气门开度保持在50%左右时，升挡时发动机转速可以参考表3-3-7。

升挡时发动机转速　　　　　　　　　　　表3-3-7

节气门开度50%	1→2挡	2→3挡	3→4挡
升挡时发动机转速(r/min)	900	2 200	3 200

试验结果分析：

(1) 在整个行驶过程中发动机转速始终过低，加速至升挡时仍低于2 000r/min，说明升挡时间过早或发动机动力不足。

(2) 如果在行驶过程中发动机转速始终偏高，升挡前后的转速在2 500～3 500r/min，而且换挡冲击明显，说明升挡时间过迟。

(3) 如果在行驶过程中，发动机转速过高，经常高于3 500 r/min，在加速时达到4 000～5 000r/min，甚至更高，则说明自动变速器的换挡执行元件严重打滑，应拆检自动变速器。

4）换挡质量的检查

换挡质量的检查内容主要是检查有无换挡冲击。在上述检查步骤中，应同时感觉换挡冲击。

试验结果分析：

(1) 正常的自动变速器只能有不太明显的换挡冲击，特别是电控自动变速器的换挡冲击十分微弱。

(2) 若换挡冲击太大，说明自动变速器的控制系统或换挡执行元件有故障，其原因可能是主油压过高、止回阀失效、蓄压器失效或换挡执行元件打滑,应作进一步检查。

5) 锁止离合器工作状况的检查

(1) 检查步骤:

①将换挡杆拨至前进挡(D)位置。

②踩下加速踏板。

③让汽车起步并加速到超速挡,以高于80km/h的车速行驶。

④节气门保持在开度低于1/2的位置。

⑤使变矩器进入锁止状态。

⑥快速将加速踏板踩下至2/3开度,同时检查发动机转速的变化。

(2) 试验结果分析:

①若发动机转速没有太大变化,说明锁止离合器处于接合状态。

②若发动机转速升高很多,则表明锁止离合器没有接合。原因通常是锁止控制系统有故障,如锁止油压太低等。

6) 发动机制动检查

发动机制动作用是自动变速器的功能之一,以利于坡道等工况使用。

(1) 检查步骤:

①将换挡杆拨至前进低挡(S、L或2、1)位置。

②在汽车以2挡或1挡行驶时,突然松开加速踏板,检查车速是否可以突然降下来。

(2) 试验结果分析:若松开加速踏板后,车速立即随之下降,则说明有发动机制动作用;否则,说明控制系统或与制动作用有关的换挡执行元件出现故障。

7) 强制降挡功能的检查

(1) 检查步骤:

①将换挡杆拨至前进挡(D)位置。

②保持节气门开度为1/3左右。

③以3挡或超速挡行驶。

④突然将加速踏板完全踩到底,检查自动变速器是否被强制降低一个挡位。

(2) 试验结果分析:

①在强制降挡时,发动机转速会突然上升至4 000r/min左右,并随着车辆加速,转速逐渐下降。

②若踩下加速踏板后,没有出现强制降挡,则说明强制降挡功能失效。

③若在强制降挡时,发动机转速升高得反常,达 5 000～6 000r/min,并在升挡时出现换挡冲击,则说明换挡执行元件打滑,应拆检自动变速器。

8) 倒挡检查

起动发动机,将换挡杆置于"R"挡域,踩下加速踏板,起动车辆,检查是否倒车和有无打滑。

9) 停车挡检查

将车辆停在斜坡上(5°以上),换挡杆置于"P"挡域之后,松开驻车制动器,检查驻车锁定爪,应能使汽车停住不动。

6. 自动变速器的失速试验

自动变速器维修时,失速试验是应用最广泛的试验。失速试验可以非常快捷地判断引起故障现象的是发动机、液力变矩器及自动变速器中有关换挡执行元件。

1) 试验目的

检查发动机功率大小、液力变矩器性能好坏、换挡执行元件的工作是否正常。

2) 试验准备工作

因为失速试验时,变速器内部受到一个极大的转矩负荷,因此要事先做好以下几方面的工作:

(1) 检查确认发动机性能是否良好。如果发动机性能下降会造成测试结果失真,或不能准确反映问题。

(2) 变速器内的油面高度、油温以及油质都必须正常,否则将影响测试结果的准确性,还有可能对自动变速器造成损害。

(3) 汽车须有良好的安全条件。行车制动器与驻车制动器的性能良好,保证试验时能可靠制动。将车轮用三角木等塞住,以保证安全。

(4) 汽车周围不应有影响安全的人或障碍物。

(5) 如果车上无发动机转速表,须另外加装发动机转速表。

(6) 试验操作者应具备一定的反应能力。

3) 试验方法及注意事项

(1) 将汽车停放在宽阔的水平地面上,前后车轮用三角木块塞住,如图 3-3-1 所示。

(2) 用驻车制动器或行车制动器把车轮制动死。

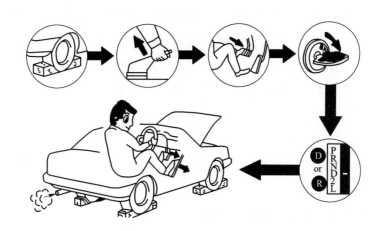

图 3-3-1 失速试验

(3)检查自动变速器的油温,油温应为 75～90℃,冷车应在试验前使其升温;油面高度及油质正常。

(4)起动发动机,将换挡杆置于前进挡(D 挡)。

(5)左脚踩下制动踏板的同时,右脚将加速踏板踩到底,在发动机转速不再升高时,迅速读取此时的发动机转速,此转速即为失速转速,然后立即松开加速踏板。由于在试验时发动机功率全部在液力变矩器内损耗掉了,因此会产生大量的热,所以失速时间不要过长,一般都在 5s 之内,即读完数据后立即放松加速踏板。

(6)将换挡杆拨入停车挡(P 挡)或空挡(N 挡)位置,让发动机怠速运转 1min 以上,以防止因油温过高而使油液变质。

(7)将换挡杆移动至 R 挡做同样的试验。

提示:此试验的操作动作比较简单,但在车辆完全制动的情况下,自动变速器的输出轴及输入轴都静止不动,液力变矩器的涡轮也静止不动,挂入行驶挡位并且完全踩下加速踏板,只有液力变矩器壳及泵轮随发动机同步转动。因为变速器内部承受的转矩很大,一定要注意做试验时的连续时间不要过长且要及时冷却。另外,在试验时要注意监听发动机及自动变速器内声音的变化。在试验时随着加速踏板的踩下,发动机和变矩器应有很大、很沉闷的轰鸣声,但决不可听到任何金属撞击声和尖锐的杂音。

4)失速转速数值分析

失速转速的非正常情况有两种:高于规定值与低于规定值。失速转速表给出的失速转速值都是个范围,而并非某一确定的值。通常情况下,在失速转速超出一定范围后才判断为失常。

(1)失速转速过低:由于变速器的零件在不运转(被强行固定)时,运转阻力没有变化,如果失速转速低于标准范围,只能是发动机工作不良与液力变矩器传递不良两方面的原因。为进一步区分发动机与变矩器的故障,可将换挡杆置于 P 或 N 挡,让变矩器涡轮不带负荷,对发动机进行急加速,如果发动机转速能在急加速时很顺畅地上升,则说明发动机是正常的。如果汽车在行驶中也出现加速不良,而高速时却很正常,则可判为变矩器导轮单向离合器工作不良,造成功率损失。如果失速转速低于规定值 600r/min 以上,说明液力变矩器可能严重失效。

(2)失速转速过高:出现失速转速过高时,发动机与液力变矩器发生故障的可能性较小,故障一般都发生在自动变速器部分,主要是因换挡执行元件打滑引起。因此,可通过失速试验与变速器内对应挡位的执行元件图进行分析,从而判断是因哪些元件损坏所致。但无论是失速试验时换挡杆处于何位置,因自动变速器的结构原因,失速试验只可检查到前进 1 挡和倒挡的执行元件,对前进挡 2 挡及 2 挡以上的挡位执行元件一般不能检测,因为换挡正常的变速器在失速时不可能进行挡位变化。

7. 自动变速器的油压试验

自动变速器在做完失速试验后,如果发现失速转速与要求偏差较大,或者通过检测故障代码的方法判断出故障出现在液压系统或机械系统时,应该进行液压试验,以进一步发现故障的根源。ATF 油液在自动变速器中的流动方向与路径,无法通过视觉直观看到,只能通过对油液压力的试验来分析判断哪一条油路出现故障,然后依据油路图进行检查。

1)试验目的

检查油泵、油压调节阀、节气门阀、油压电磁阀、调速器及自动变速器油等的工作状况,用以分析自动变速器性能和故障判断。

2)油压试验的测试项目

主油路油压、节气门油压、变矩器油压、蓄压器油压、其他油压。

3)试验准备工作

(1)发动机及自动变速器达到正常工作温度。

(2)将车辆停放在水平地面上,检查自动变速器液压油的油面高度。如不正常应调整。

(3)准备一个量程为 2MPa 的压力表。

(4)找到自动变速器各个油路测压孔的位置。通常在自动变速器外壳上有几个用方头螺塞堵住的测压孔。自动变速器维修手册上标有该自动变速器测压孔的位置。若没有维修手册作参考,可用举升器将汽车升起,在发动机运转时分别将各个测压孔螺塞松开少许,观察各测压孔在换挡杆位于不同挡位时是否有压力油流出,以此判断该测压孔与哪一油路相通,从而找出各个油路测压孔的位置。

4)试验方法

(1)拆下变速器壳体上的主油路测压孔或前进挡油路测压孔螺塞,接油压表。

(2)起动发动机。

(3)将换挡杆拨至前进挡(D)位置。

(4)读出发动机怠速运转时的油压,该油压即为怠速工况下的前进挡主油路油压。

(5)用左脚踩紧制动踏板,同时用右脚将加速踏板完全踩下,在失速工况下读取油压,该油压即为失速工况下的前进挡主油路油压。

(6)将换挡杆拨至空挡或停车挡,让发动机怠速运转1min以上。

(7)将换挡杆拨至倒挡(R)位置,重复上述步骤,读出倒挡在怠速工况和失速工况下的主油路油压。

(8)将换挡杆拨至空挡(N)位置,让发动机怠速运转1min以上。

8. 自动变速器的时滞试验

失速试验与液压试验是自动变速器的基本试验,一般用于变速器较大、较明显影响行驶性的故障。但自动变速器除了行驶性故障外,还有另一类故障即舒适性故障。这类故障现象一般有:挂入挡位后,车辆的动作迟缓,不能立即进入行驶状态;在行驶过程中,换挡不平顺,冲击较大。对于此类故障可以进行时滞试验进行进一步分析。

在发动机怠速运转时将换挡杆从N挡移动到D挡或R挡后,要有一段短暂时间的迟滞或延时才能使自动变速器完成挡位的结合(此时汽车会产生一个轻微的振动),这一短暂的时间称为自动变速器换挡的迟滞时间。因为自动变速器在进入某一挡位时,要有一个消除间隙和建立油压的过程,所以时滞时间是不可避免的。

1)试验目的

测出自动变速器换挡的迟滞时间,根据迟滞时间的长短来判断主油路油压及换挡执行元件的工作是否正常。

2)试验准备工作

(1)预热使发动机和自动变速器达到正常的工作温度。

(2)将汽车停放在水平地面上,拉紧驻车制动器操纵杆。

(3)检查发动机怠速,如不正常,应按标准予以调整。

3)试验方法(图 3-3-2)

(1)将换挡杆从 N 挡位置拨至 D 挡位置。

(2)在换挡杆移动到 D 挡的同时,用秒表开始计时直到感觉到汽车振动为止。所用的时间称为 N→D 时滞时间。

(3)将换挡杆拨至空挡位置,让发动机怠速运转 1min 后,再做一次同样的试验。共做 3 次试验,并取平均值。

(4)按上述方法,将换挡杆由空挡位置拨至 R 挡位置,测量 N→R 时滞时间。

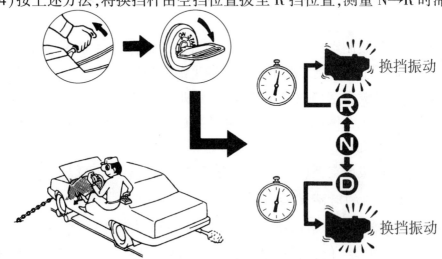

图 3-3-2 时滞试验

4)试验数值分析

大部分自动变速器 N→D 延时时间小于 1.2s,N→R 延时时间小于 1.5s。时滞过大的原因主要是工作的离合器和制动器磨损失效。

若 N→D 时滞时间过长,说明主油压过低,或前进挡离合器摩擦片磨损过甚,或前进挡单向离合器工作不良,如果刚修竣的自动变速器出现这种故障,则有可能是离合器片间隙调整过大。

若 N→R 延时时间过长,说明倒挡主油压过低,或倒挡离合器、倒挡制动器磨损过甚,或工作不良,如果刚修竣的自动变速器出现这种故障,则有可能是倒挡离合器片间隙调整过大。

如果时滞时间过短,则可能是离合器片间隙调整过小。

三、评价与反馈

班 级		姓 名		学 号		日 期	

课题三　故障警告灯点亮的诊断

一、相关知识

1. 自动变速器故障警告灯的作用。

2. 手动换挡试验能分析自动变速器的哪些故障。

3. 道路试验能分析自动变速器的哪些故障。

二、操作内容

请根据你所检查的实际情况填写以下内容。

1. 故障码的读取情况：_____；
2. 道路试验检查情况：_____；
3. 手动换挡试验与检查情况：_____；
4. 道路试验与检查情况：_____；
5. 失速试验情况：_____；
6. 油压试验情况：_____；
7. 时滞试验情况：_____。

三、评价反馈

1. 学生自我评价该课题的完成情况：

2. 学生建议（含对教师的评价、要求及教学建议等）：

成绩评定		教师	

知识拓展

1. 丰田卡罗拉 U340E 型自动变速器，出现故障代码"P0713 变速器油温度传感器 A 电路高输入"，查阅资料，说明该故障码的含义及检查的步骤。

2. 结合自动变速器的原理分析，哪些车辆可以进行手动换挡试验，而哪些车辆不可以进行手动换挡试验，并说明为什么。

 课题四　液压控制系统的检修

 学习目标

完成本课题学习后，你应能：
1. 叙述液压控制系统的基本组成及功用；
2. 叙述主要阀的作用和工作原理；
3. 查阅维修手册，规范检修液压控制系统零件；
4. 识别壳体及油泵油道；
5. 分析各挡控制油路。

建议课时

4课时。

 学习任务（情境）描述

一辆丰田轿车，装配 A340E 自动变速器，出现故障后，经检查电控系统无故障，现需要你对液压控制系统进行检修。重点检查阀板总成，各液压阀的工作情况。

项目三　自动变速器的检修

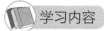

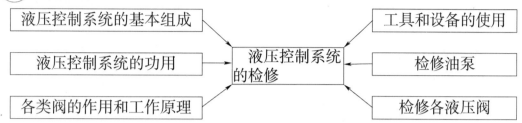

一、资料收集

1. 液压控制系统的基本组成及功用（图 3-4-1）

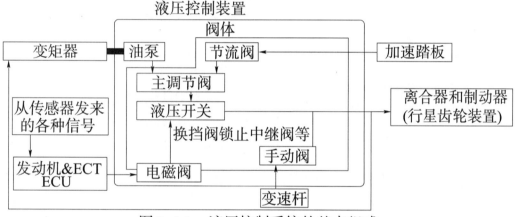

图 3-4-1　液压控制系统的基本组成

（1）供油调压部分：包括油泵、调压阀等，向变速器各部分供给符合要求的液压油。

（2）控制信号转换部分：包括手动阀、节气门阀、调压阀、速度调压阀。当驾驶员选定了变速杆的位置后，把节气门开度和车速转变成液压信号进行换挡。

（3）换挡控制部分：由几个换挡阀组成，接受车速信号、节气门位置信号、变速杆位置信号，进行比较处理，按预定的换挡规律打开或关闭通往执行器的油路进行换挡。油压为调压后的主油压，换挡阀只是切换位置。

（4）换挡执行器：包括离合器、制动器。

（5）换挡品质控制部分：在控制系统中通向执行机构液压缸的油路上增加蓄压器、缓冲阀、止回阀、压力调节阀等，提高换挡平顺性，减少冲击。

综上所述，液压控制系统的功用是：向变速器各部分供给符合要求的液压油，使自动变速器能按要求准确自动换挡，保证换挡正时和换挡平顺；对该系统进行润滑、冷却；及时给变矩器油压补偿。

2. 油泵

油泵用于输送工作油液至液力变矩器、润滑行星齿轮装置,对液压控制系统提供工作压力。

油泵的组成和工作原理如图3-4-2所示。液力变矩器的泵轮带动小齿轮转动,小齿轮带动内齿轮转动,如图旋转方向时,齿轮脱离啮合是吸油腔,容积变大产生吸力,将油吸入;齿轮进入啮合是压油腔,容积变小将油泵出,产生压力油。

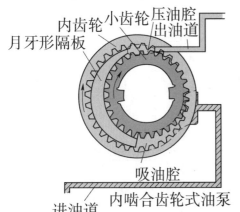

图3-4-2 油泵的组成

提示:发动机不工作时,油泵不泵油,故障车牵引距离不应超过50km,牵引速度不得高于30km/h;或者将驱动轮悬空牵引。

3. 主调压阀

根据手动换挡杆、节气门、车速自动调节液压系统的油压,是油压系统的总控制阀,其工作过程如下。

主油路调压阀的结构与工作原理如图3-4-3所示,来自油泵的油压作用到阀芯上,给阀芯加一个向下的作用力,节气门阀输出的油压力作用到柱塞上,此油压力作用到阀芯上,使阀芯受到一个向上的作用力,弹簧作用到阀芯上一个向上的弹力,当节气门开度小时,阀芯下移,泄油缝隙增大,系统油压减小;反之,系统油压增大;当挂倒挡时又有一个油压作用到差径的柱塞上,柱塞上移,使阀芯又受到一个向上的作用力,由于向上的作用力增大,阀芯上移,所以系统油压增大。

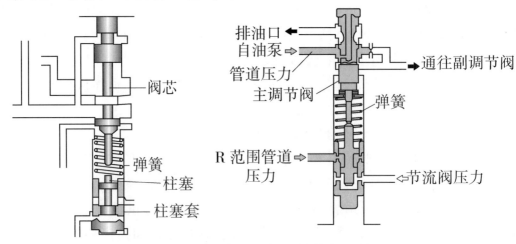

图3-4-3 主油路调压阀的结构与工作原理

4. 二次调压阀(次调压阀)

根据汽车行驶的速度和节气门开度的变化自动调节变矩器的油压,也能保证各摩擦副润滑的油压,其工作过程如下。

阀体受向上的弹簧张力作用和向下的油压力(面积 A × 变矩器油压)作用,两者之差调节变矩器油压和润滑用油压,如图3-4-4所示。

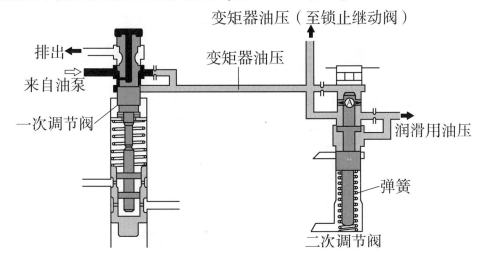

图3-4-4　二次调压阀结构图

5. 手动阀

手动阀与换挡杆相连,当换挡杆在P、R、N、D、2、L之间变换时,手动阀随之移动,实现油路转换。其中,第2油道为进油路,其余为出油路,如图3-4-5所示,工作过程如下。

6. 换挡阀

自动变速器通常采用3个换挡阀,由两个换挡电磁阀来控制,并通过3个换挡阀之间油路互锁作用,实现4个挡位的变换。换挡阀和换挡电磁阀的连接关系如图3-4-6所示。

1) 1-2换挡阀

作用:控制自动变速器在1挡和2挡之间变换。

工作过程:当ECU不对电磁阀②通电时,管路压力作用在阀芯上端,迫使阀芯下移,变速器进入1挡。当ECU对电磁阀②通电时,作用在阀上端管路压力由电磁阀②排放掉,阀芯在弹簧作用下上移,变速器进入2挡,如图3-4-7所示。

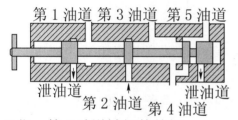
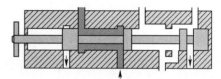

P、N位：第2油道被阀体关闭　　　　R位：第2油道进油，第1油道出油

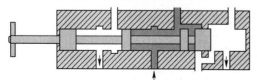
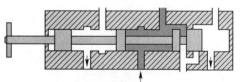

D位：第2油道进油，第3油道出油　　2位：第2油道进油，第3、4油道出油

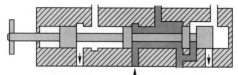

L位：第2油道进油，第3、4、5油道出油

图 3-4-5　手动阀各挡位油路图

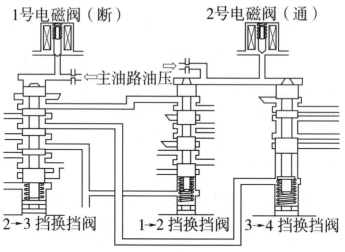

图 3-4-6　换挡阀和换挡电磁阀的连接关系

2）2-3 换挡阀

作用：控制变速器在2挡和3挡之间变换。

工作过程：当ECU对电磁阀①通电时，作用在阀芯上端的管路压力由电磁阀①排放掉，阀芯在弹簧作用下上移，变速器进入2挡，如图3-4-8所示。

当ECU使电磁阀①断电时，管路压力作用在阀芯上端，使阀芯下移，变速器进入3挡。

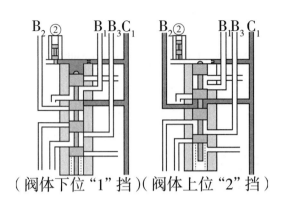

（阀体下位"1"挡）（阀体上位"2"挡）

图 3-4-7　1-2 换挡阀

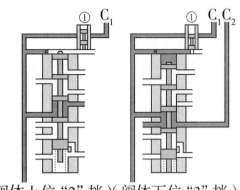

（阀体上位"2"挡）（阀体下位"3"挡）

图 3-4-8　2-3 换挡阀

3）3-4 换挡阀

作用：控制变速器在 3 挡和 4（OD）挡之间变换。

工作过程：当 ECU 对电磁阀②通电时，作用在阀芯上端的管路压力由电磁阀②排放掉，阀芯在弹簧作用下上移，变速器进入 3 挡，如图 3-4-9 所示。

当 ECU 使电磁阀②断电时，管路压力作用在阀芯上端，使阀芯下移，变速器进入 4 挡。

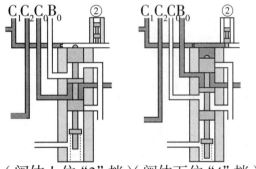

（阀体上位"3"挡）（阀体下位"4"挡）

图 3-4-9　3-4 换挡阀

三个换挡阀在不同挡位时阀芯所处位置见表 3-4-1。

三个换挡阀在不同挡位时阀芯所处位置　　　表 3-4-1

挡　位	电磁阀①	电磁阀②	阀　芯　位　置		
1 挡	on	off	1-2 阀下位	2-3 阀上位	3-4 阀上位
2 挡	on	on	1-2 阀上位	2-3 阀上位	3-4 阀上位
3 挡	off	on	1-2 阀上位	2-3 阀下位	3-4 阀上位
4 挡	off	off	1-2 阀上位	2-3 阀上位	3-4 阀下位

7. 锁止离合器控制阀

锁止离合器控制阀包括：锁止电磁阀、锁止信号阀、锁止继动阀。

1）锁止电磁阀 NO.3

锁止电磁阀采用脉冲式。ECU 通过控制输出脉冲信号占空比的大小，调节锁止电磁阀的开度,以控制作用在锁止信号阀和锁止继动阀上的油压。

2）锁止信号阀

由滑阀和弹簧组成。受控于锁止电磁阀,控制来自 B_2 的管路压力何时作用于锁止继动阀。

3）锁止继动阀

由滑阀和弹簧组成。根据锁止信号阀的锁止信号,通过改变通往变矩器的 ATF 的流向,使液力变矩器内的锁止离合器适时地结合与分离。

4）锁止控制原理及控制过程

锁止电磁阀通电,阀门打开泄压,锁止信号阀阀芯下移,使 B_2 的管路油压作用于锁止继动阀上端,使阀芯下移,锁止离合器接合,如图 3-4-10 所示。

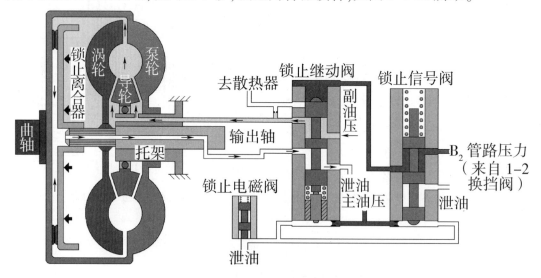

图 3-4-10　锁止离合器接合

锁止电磁阀断电,阀门关闭,锁止信号阀阀芯在管路油压作用下上移,B_2 的管路油压不再作用于锁止继动阀上端,而油泵来的管路油压作用于锁止继动阀下端,使阀芯上移,使通向液力变矩器的 ATF 改变流向,锁止离合器分离,如图 3-4-11 所示。

8．蓄压器

蓄压器又称储能减振器,主要用于缓冲换挡时油压的冲击。由于蓄压器控制阀的油压始终作用于蓄压器的背压侧,其压力和弹簧张力一起将活塞向下推动。当来自手动阀的主油压作用于工作侧时,活塞将克服背压侧压力和弹簧张力,缓慢地向上移动,消耗一定能量减少换挡冲击。蓄压器结构及原理图如图 3-4-12 所示。

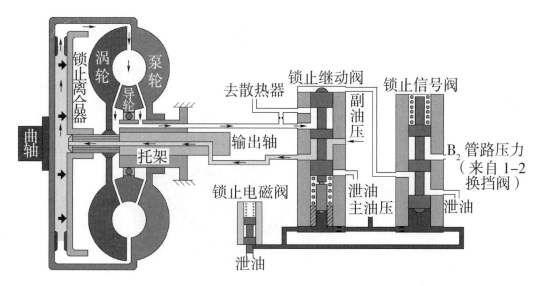

图 3-4-11 锁止离合器分离

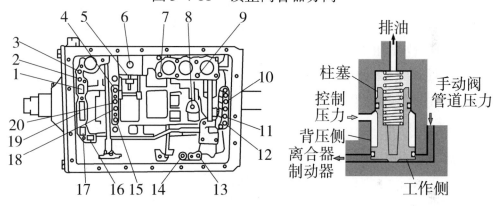

图 3-4-12 蓄压器结构及原理图

1-油泵出油口;2-锁止离合器分离腔油道;3-C_0 油道;4-B_0 油道;5-B_1 活塞通气平衡孔;6-B_1 油道;7-蓄压器 B_0 背压油道;8-B_2 油道;9-B_2、C_2 蓄压器背压油道;10-B_3 油路;11-空置油道;12-润滑油道;13-压力测试油道;14-散热器回油油道;15-C_1 油道;16-散热器进油油道;17-锁止离合器接合腔油道;18-C_2 油道;19-油泵进油油道;20-超速挡机构润滑油道

二、实训操作

1. 技术标准与要求

见各步骤中的标准。

2. 工具、设备和材料的准备

丰田 A341E 自动变速器,通用及专用工具,尼龙布等。

3. 作业前的准备

清洁场地、零件、清点工具。

4. 控制油道识别(丰田 A341E)(图 3-4-13)

图 3-4-13 控制油道

1-通风孔;2-C_0 油道;3-锁止离合器解锁油道;4-油泵出油口;5-轴承油封回油孔;6-油泵进油口;7-锁止离合器锁止油道

(1) 变速器壳体控制油道。

(2) 油泵体控制油道。

5. 油泵的检修

1) 油泵的分解

(1) 如图 3-4-14 所示,拆下油泵后端轴颈上的密封环。

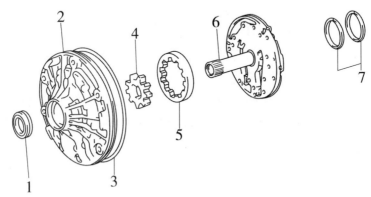

图 3-4-14 油泵的分解

1-油封;2-油泵前端盖;3-O 形密封圈;4-小齿轮;5-内齿轮;6-油泵后端盖;7-密封环

(2) 按照对称交叉的顺序依次松开油泵的连接螺栓,打开油泵。

(3) 用油漆在小齿轮和内齿轮上作一记号,取出小齿轮及内齿轮。

(4) 拆下油泵前端盖上的油封。

项目三 自动变速器的检修

提示:在分解油泵时应注意,不要损伤油泵前端盖,不可用冲子在油泵齿轮和油泵壳上作记号。

2)油泵零件的检验

(1)如图3-4-15所示,用厚薄规分别测量油泵内齿轮外圆与油泵壳体之间的间隙、小齿轮及内齿轮的齿顶与月牙板之间的间隙、小齿轮及内齿轮端面与泵壳平面的端隙,将测量结果与标准数值对照;如不符合标准,应更换齿轮、泵壳或油泵总成。

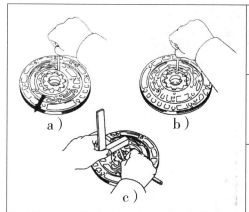

内齿圈与壳体间隙(mm)	标准	0.07~0.15
	极限	0.3
齿顶与月牙板间隙(mm)	标准	0.11~0.14
	极限	0.2
齿轮端隙(mm)	标准	0.02~0.05
	极限	0.1

图3-4-15 油泵间隙的检测

(2)检查油泵小齿轮、内齿轮、泵壳端面有无肉眼可见的磨损痕迹;如有,应更换新件。

3)油泵的组装

用干净的煤油清洗油泵的所有零件,并用压缩空气吹干,再在清洁的零件上涂少许自动变速器用液压油(ATF),按下列步骤组装:

(1)在油泵前端盖上装入新的油封。

(2)更换所有的O形密封圈,并在新的O形密封圈上涂ATF油。

(3)按分解时相反的顺序组装油泵各零件。

(4)按照对称交叉的顺序,依次拧紧油泵盖紧固螺栓,拧紧力矩为10N·m;

(5)在油泵后端轴颈上的密封环槽内涂上润滑脂,安装新的密封环。

(6)检查油泵运转性能:将组装后的油泵插入液力变矩器中,如图3-4-16所示,转动油泵,油泵齿轮转动应平顺,无异响。

图3-4-16 油泵运转性能

6. 阀体认识(丰田 A341E)(图 3-4-17、图 3-4-18)

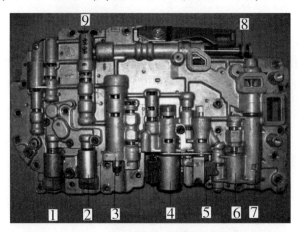

图 3-4-17 下阀体各主要阀的位置图

1-1 号电磁阀(控制换挡);2-2 号电磁阀(控制换挡);3-储能器控制阀;4-4 号电磁阀(调节蓄压器背压);5-3 号电磁阀(调节锁止离合器压力);6-锁止控制阀;7-主调节阀;8-手控制阀;9-1、2 挡换挡阀

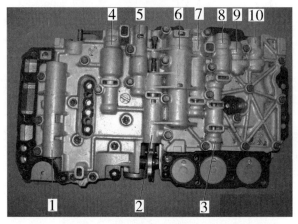

图 3-4-18 上阀体各主要阀的位置图

1-锁止继动阀;2-节气门阀;3-3、4 挡换挡阀;4-副调节阀;5-前进挡离合器节流孔控制阀;6-前进挡离合器储能器;7-2、3 挡换挡阀;8-倒挡控制阀;9、10-止回阀

7. 丰田 A341E 阀体检修

1)观察、检查

(1)各个密封圈及密封垫必须更换。

(2)分析油底盘内的颗粒:取下磁铁,并用它搜集油底盘内颗粒,仔细检查油底盘内的外来物质和微粒,并根据磁铁上的微粒预测变速器内零件的磨损情况。

如果微粒是钢(磁性的),说明轴承、齿轮和离合器片有磨损;如果微粒是铜(非磁性的),说明衬套磨损。

(3)检查各连接螺栓是否完好。

(4)检查节气门拉索是否完好。

2)阀板的分解

提示:阀板在分解时应特别小心,不能丢失或分散小的节流阀、安全阀、随动阀和有关的弹簧。

(1)按图3-4-19所示顺序拆下阀板上的手控阀阀芯及电磁阀等零件。

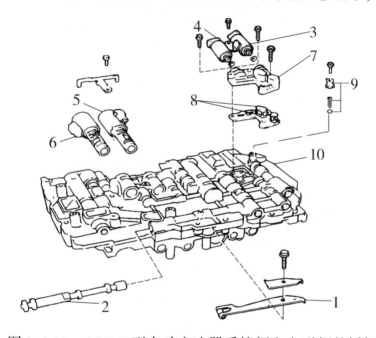

图3-4-19　A341E型自动变速器手控阀和电磁阀的拆卸

1-手控阀摇臂定位弹簧;2-手控阀阀芯;3、4-换挡电磁阀;5-油压电磁阀;6-锁止电磁阀;7-换挡电磁阀底座;8-换挡电磁阀滤网;9-泄压阀;10-阀板

(2)如图3-4-20所示,松开上下阀板之间的固定螺栓,将上下阀板分开,如图3-4-20b)所示。在拿起上阀板时,为了防止上阀板油道内的单向节流阀球阀掉落,应将上下阀板之间的隔板和上阀板一同拿起,并将上阀板油道一面朝上放置,用木锤轻轻敲击隔板,防止小的球阀粘在隔板上,然后再取下隔板。特别是在没有详细技术资料的情况下检查自动变速器时,更要特别注意。如果阀板油道内的某个球阀或其他小零件掉出,由于阀板油道的形状十分复杂,往往因找不到这些小零件的原有位置而不能正确安装,导致修理后的自动变速器工作异常。

(3)从上阀板一侧取下隔板,取出阀板油道内的所有止回阀球阀。

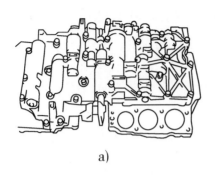 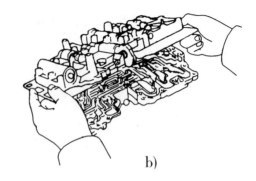

图 3-4-20　上下阀板

(4) 按图 3-4-21 所示顺序拆卸上阀板中的所有控制阀,在拆卸每个控制阀时,应先取出锁销和挡塞,再让阀芯和弹簧从阀孔中自由落出。若阀芯在阀孔中有卡滞,不能自由落出,可用木锤或橡胶锤敲击阀板,将阀芯振出。不要用铁丝或钳子伸入阀孔去取阀芯,以免损坏阀孔内孔或阀芯。

(5) 按图 3-4-22 所示顺序拆卸下阀板中所有的控制阀。

3) 阀板零件的检修

(1) 将上下阀板上所有控制阀的零件用清洁的煤油或酒精清洗干净。

(2) 检查控制阀阀芯表面,如有轻微刮伤痕迹,可用金相砂纸抛光。

(3) 检查各阀弹簧有无损坏,测量各阀弹簧的长度;如不符合规定要求,应更换。各阀弹簧的自由长度见表 3-4-2。

(4) 检查滤油器,如有损坏或堵塞,应更换。

(5) 检查隔板,如有创伤或损坏,应更换。

(6) 更换隔板上的纸质衬垫。

(7) 更换所有塑胶球阀。

(8) 如控制阀卡死在阀孔中,应更换阀板总成。

4) 阀板的装配

(1) 将清洗后的上下阀板和所有控制阀零件放在干净的液压油中,浸泡几分钟。

(2) 按拆卸相反的顺序安装上下阀体各控制阀,注意各控制阀弹簧的安装位置,切不可将各控制阀的弹簧装错。必要时可参考表 3-4-2,以区分各个控制阀的弹簧。

(3) 将上阀板油道内的球阀装入。

(4) 用螺钉将隔板及隔板衬垫固定在上阀板上。

(5) 将上下阀板合在一起,将两种不同规格的阀板螺栓安装在不同的位置时,分 2~3 次将所有螺栓拧紧。阀板螺栓的标准拧紧力矩为 $6.1 \text{N} \cdot \text{m}$。

(6) 安装电磁阀、手控阀等零件。

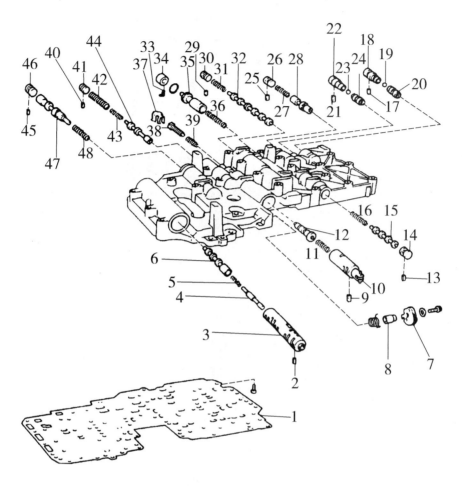

图 3-4-21 A341E 型自动变速器上阀板的分解图

1-隔板和衬垫;2、9、13、17、21、25、29、33、40、45-锁销;3-锁止控制阀阀套;4-锁止控制阀;5、11、16、27、31、36、39、42、43、48-弹簧;6-锁止继动阀;7-节气门阀凸轮;8-销套;10-强制降挡阀;12-节气门阀;14、18、22、26、30、34、41、46-挡塞;15-3-4 挡换挡阀;19、23-止回阀球阀;20、24-止回阀;28-倒挡控制阀;32-2-3 挡换挡阀;35-前进挡蓄压器活塞;37-锁片;38-节气门阀调节螺钉;44-前进挡蓄压器节流阀;47-次调压阀

5）检修阀板时的注意事项

由于阀板中各个控制阀的加工精度和配合精度都极高,不正确的检修方法往往会损坏控制阀,影响其正常工作。因此在检修阀板时,应注意以下几点：

（1）拆检阀板时,切不可让阀芯等重要零件掉落,不要将铁丝、螺丝刀等硬物伸入阀孔中,以免损伤阀芯和阀孔的精密配合表面。

（2）阀板分解后的所有零件在清洗后,可用压缩空气吹干。不允许用棉布擦拭,以免沾上细小的纤维丝,造成控制阀卡滞。

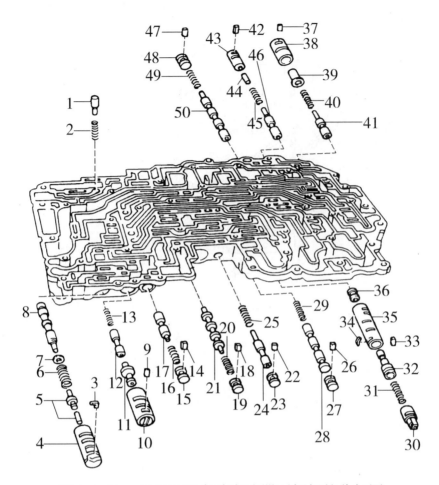

图 3-4-22 A341E 型自动变速器下阀板的分解图

1-止回阀;2、6、13、16、20、25、29、31、40、45、49-弹簧;3、9、14、18、22、26、33、34、37、42、47-锁销;4、10、35、38、43-阀套;5、11、36、39、44-阀杆;7-垫圈;8-主油路调压阀;12-锁止控制阀;15、19、23、27、30、48-挡塞;17-止回阀;21-电磁转换阀;24-电磁调节阀;28-截止阀;32-蓄压器控制阀;41、46-滑行调节阀;50-1-2 挡换挡阀

A341E 自动变速器控制弹簧规格　　　表 3-4-2

序号	控制阀名称	自由长度(mm)	弹簧外径(mm)	总圈数(圈)
1	锁止继动器	23.42	5.86	12
2	次调压阀	36.78	9.22	13.5
3	前进挡蓄压器节流阀(外)	37.13	11.14	11
4	前进挡蓄压器节流阀(内)	21.50	7.76	11.5
5	强制降挡阀	27.50	8.73	12.5
6	节气门阀	17.50	7.20	10
7	前进挡蓄压器	75.26	15.02	17

续上表

序号	控制阀名称	自由长度(mm)	弹簧外径(mm)	总圈数(圈)
8	2-3挡换挡阀	30.77	9.70	10.5
9	3-4挡换挡阀	30.77	9.70	10.5
10	倒挡控制阀	25.38	8.64	9
11	主油路调压阀	40.62	16.88	9.5
12	锁止控制阀	18.52	5.30	13
13	止回阀	18.80	7.48	7.5
14	电磁转换阀	18.80	7.48	7.5
15	电磁调节阀	30.63	7.99	15
16	截止阀	20.30	6.10	13
17	蓄压器控制阀	34.50	8.85	12.5
18	1-2挡换挡阀	30.77	9.70	10.5
19	滑行调节阀	19.73	8.04	9.8
20	滑行调节阀	26.11~27.41	8.04	11~12

(3)装配阀板时,应检查各控制阀阀芯是否能在阀孔中活动自如。如有卡滞,应拆下,经清洗后重新安装。

(4)不能在阀板衬垫及控制阀的任何零件上使用密封胶或黏合剂。

(5)在更换隔板衬垫时,要将新旧件进行对比,确认无误后再装入,以防因零件规格不符而影响自动变速器的正常工作。有些自动变速器的修理包中没有阀板的隔板衬垫,在维修中如果旧衬垫破损,可用青稞纸(即电工用绝缘纸)自制,方法是:将旧衬垫的形状画在青稞纸上,用割纸刀和圆冲照原样刻出。

(6)在分解、装配阀板时,要有详细的技术资料(如阀板分解图),以作对照。如果在检修时没有这些资料可作参考,可以在分解之前先画出阀板的外形简图,然后每拆一个控制阀,就在阀板简图的相应位置上画下该控制阀的形状和排列顺序,同时测量并记下各个弹簧的外径、自由长度和圈数,以便装配时参考。拆下的各个控制阀零件要按顺序排放,以便重新安装。

另外,在分开上、下阀板时,要特别注意不要使阀板油道中的球阀、滤网等小零件掉出;在拿起上面的阀板时,要将隔板连同阀板一同拿起,待翻转阀板使油道一面朝上后,再轻轻敲打隔板,使各小球阀落位,再拿开隔板。认清上下阀板油道中所有球阀等零件的位置并画在简图上,同时测量并记不同直径球阀的安装位置,然后才能取出球阀等零件,做进一步分解及阀板清洗工作。

三、评价与反馈

班 级		姓 名		学 号		日 期	

课题四　液压控制系统的检修

一、相关知识

1. 液压控制系统的功用：

2. 油泵的组成和工作原理：

3. 主调压阀的影响因素：

二、操作内容

请根据你所检查的实际情况填写以下内容。

1. ATF 油泵的检测数据：
   (1) 内齿圈与壳体间隙_____ mm，标准为_____ mm；
   (2) 齿顶与月牙板间隙_____ mm，标准为_____ mm；
   (3) 齿轮端隙_____ mm，标准为_____ mm。
2. 阀板总成的检查情况（请填写各阀的检查数据）：

三、评价反馈

1. 学生自我评价该课题的完成情况：

2. 学生建议（含对教师的评价、要求及教学建议等）：

成绩评定		教师	

项目三　自动变速器的检修

知识拓展

根据本课题所学内容分析一下自动变速器遇到故障后,如何快速判断出是液压系统出现故障而不是机械或电控系统?

课题五　电子控制系统的检修

学习目标

完成本课题学习后,你应能:

1. 了解自动变速器电控系统各部件位置和功能;
2. 叙述电控系统各元件的工作原理;
3. 查阅维修手册,规范检测电控系统各元件;
4. 查阅维修手册,学会分析排除自动变速器电控系统故障。

建议课时

4 课时。

学习任务(情境)描述

一辆雷克萨斯 LS400 汽车,装备 A341E 型电控自动变速器,VIN 码:JTEGD34M700101291,已经行驶 18 万 km,高速行驶中故障灯亮,读取故障码为 P0710(自动变速器油温过高)。同时,驾驶员感觉车辆行驶无打滑等异常现象。针对该故障,此前已 3 次换油、清洗,曾发现油液脏污。该车入厂检查时油液洁净,无异味。需你对该车变速器电子控制系统进行检测,排除故障。

学习内容

一、资料收集

1. 电子控制系统的组成

电子控制系统是控制系统的核心,它利用电子自动控制的原理,通过传感器将汽车行驶速度和发动机负荷等参数转变为电信号,电控单元根据这些电信号作出是否需要换挡的判断,并按照设定的控制程序发出换挡指令,操纵各种电磁阀(换挡电磁阀、油压电磁阀等)去控制阀板总成中各个控制阀的工作(接通或切断换挡控制油路),驱动离合器、制动器、锁止离合器等液力执行元件,从而实现对自动变速器的全面控制。

电子控制系统由各种传感器、控制开关、执行器和电控单元等组成,如图 3-5-1 所示。

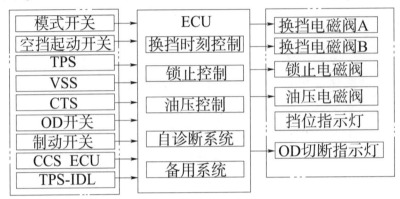

图 3-5-1 电子控制系统组成图

电子控制系统的控制过程如图 3-5-2 所示。

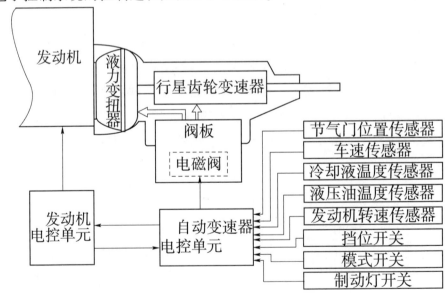

图 3-5-2 电子控制系统的控制过程示意图

2. 电子控制系统元件位置及功能

雷克萨斯 LS400 电器元件在车上的位置及作用如图 3-5-3、表 3-5-1 所示。

项目三 自动变速器的检修

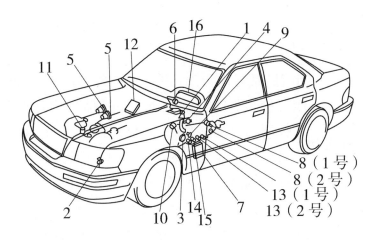

图 3-5-3 雷克萨斯 LS400 电器元件位置图

元件功能表 表 3-5-1

组成	元件位置	元件名称	功　　能 (注:括号内为该元件发生故障的现象及故障保护功能)
传感器和控制开关	1	模式选择开关 PSS	用以选择汽车的行驶模式,即自动变速器的换挡规律,以满足不同的使用要求; 自动变速器常见的控制模式有:经济、运动、标准、雪地及手动模式。 注:有些汽车取消模式开关,由电控单元进行自动模式选择控制
	2	发动机转速传感器 ESS	检测发动机转速并输入电控单元,通过与变速器输入轴转速信号比较,计算出变矩器的传动比,使锁止离合器、油路压力及换挡的控制过程得到进一步的优化,以改善换挡感觉,提高汽车的行驶性能(发动机转速传感器出现故障时,发动机无法起动)
	3	空挡启动开关 NPS	检测空挡 N 和驻车挡 P 位置,防止发动机在驱动挡位时起动; 判断驱动挡位置,控制变速器进行自动换挡;作为挡位信号,控制仪表指示灯的挡位显示
	4	制动灯开关 SLS	用以判断制动踏板是否踩下。如果踩下,该开关便将信号输给电控单元,以解除锁止离合器的接合,防止突然制动时发动机熄火

续上表

组成	元件位置	元件名称	功能(注:括号内为该元件发生故障的现象及故障保护功能)
传感器和控制开关	5	节气门位置传感器 TPS	检测节气门开度,作为变速器自动换挡、闭锁及油压控制的重要参数(失效保护:节气门怠速开关闭合时,蓄压器背压调节为最大值;怠速开关打开时,电控单元默认气门开度50%,此时背压调节为最小值)
	6	O/D 开关	用来控制自动变速器的超速挡; OD 开关处于 OFF 位置,开关触点接通,仪表盘上"OFF"指示灯点亮,限制变速器升入 OD 挡; OD 开关处于 ON 位置,开关触点断开,仪表盘上"OFF"指示灯熄灭,变速器在 D 挡行驶时可以升入 OD 挡
	7	巡航控制 CCS	在车辆以巡航方式(CCS)行驶时,如果在超速挡时实际车速低于设定车速4km/h 以上时,巡航系统电控单元就会给发动机及变速器电控单元发出信号解除超速挡及闭锁,并防止实际车速达到 CCS 内存记忆的设定车速前又升入超速挡
	8	1 号和 2 号转速传感器 VSS	检测车速,作为换挡及闭锁定时的控制参数; 通常 ECU 采集 2 号转速传感器信号,而 1 号转速传感器(仪表车速信号)作为备用(失效状态:无 1 号和 2 号车速转速信号,变速器可进行手动换挡)
	9	OD 离合器转速传感器(输入轴转速传感器)	检测1-3挡输入轴转速; ECU 将此信号与发动机转速信号作比较,计算出变矩器的传动比,优化锁止控制过程; 与输出轴转速作比较,计算出传动比变化时间,优化油压及换挡控制过程,以改善换挡品质,提高汽车的行驶性能
	10	强制降挡开关 KFS	检查加速踏板是否达到节气门全开位置,作为强制降挡控制信号,以提高汽车的加速性能(失效状态:电控单元不计其信号,按换挡杆位置控制换挡)

续上表

组成	元件位置	元件名称	功能（注：括号内为该元件发生故障的现象及故障保护功能）
传感器和控制开关	11	冷却液温度传感器 CTS	冷却液温度或变速器油温传感器用以检测发动机冷却液或变速器油液温度，以作为电控单元进行换挡控制、油压控制和锁止离合器控制的依据； 冷却液温度低于60℃（140°F），限制升入OD挡及离合器闭锁，从而提高总体驾驶性能并加快发动机达到其正常工作温度； 失效保护：ECU默认正常温度，低温行驶时，影响换挡品质
电控单元	12	电控单元	接受传感器信号，控制发动机和变速器工作； 换挡控制，闭锁控制，油压控制，改善换挡品质控制，故障自诊断和失效保护功能； 有些自动变速器电控单元具有换挡模式选择、发动机制动等智能控制功能（TCM失效时，变速器可进行手动换挡控制）
执行器	13	1号和2号电磁阀	开关式换挡电磁阀，受电控单元换挡信号控制，用以开启或关闭液压油路，控制换挡执行元件动作，实现变速器自动换挡功能（失效保护参见换挡电磁阀故障防护功能表）
执行器	14	4号电磁阀（脉冲式电磁阀）	控制蓄压器背压和换挡执行器操作定时； 换挡时降低蓄压器背压以改善换挡品质； 在S、L挡位时提高蓄压器背压； 电磁阀在电控单元脉冲电信号的作用下不断反复地开启和关闭泄油孔来控制油路压力（失效状态：背压值最大控制）

续上表

组成	元件位置	元件名称	功能 (注:括号内为该元件发生故障的现象及故障保护功能)
执行器	15	3号电磁阀(脉冲式电磁阀)	控制液力变矩器中锁止离合器的锁止时刻和锁止过程; ECU/TCM 的内存中存有每个驾驶模式下(正常或动力型)的操纵锁定离合器方式的程序,基于某种锁定方式,ECU 会根据车速、节气门位置、发动机转速、变速器输入轴转速、冷却液温度(或油温)传感器传来的信号控制锁定电磁阀的通断及其占空比; 强制解锁控制条件:节气门怠速触点(IDL)接通;冷却液温度低于60℃(140℉);制动开关接通;升挡或降挡(失效状态:离合器无闭锁控制)
	16	OD指示灯	限制OD挡指示(O/D 开关 OFF); 电子控制系统发生故障时点亮指示(O/D 开关 ON 状态); 注:某些车行以模式指示灯作为变速器故障指示灯

3. 元件的结构组成及工作原理

1) 节气门位置传感器(TPS)

汽车发动机的节气门是由驾驶员通过加速踏板来操纵的,以便根据不同的行驶条件控制发动机运转。节气门位置传感器有多种类型,装用自动变速器的汽车通常采用线性可变电阻型的节气门位置传感器。这种节气门位置传感器由一个线性电位计和一个怠速开关组成(图3-5-4)。节气门轴带动线性电位计及怠速开关的滑动触点。节气门关闭时,怠速开关接通;节气门开启时,怠速开关断开。当节气门处于不同位置时,电位计的电阻也不同。这样,节气门开度的变化被转变为电阻或电压信号输送给电控单元。电控单元通过节气门传感器可以获得表示节气门由全闭到全开所有开启角度连续变化的模拟信号以及节气门开度的变化速率,以作为其控制不同行驶条件下挡位变换的主要依据之一。其触点图和线路图如图3-5-4、图3-5-5所示。

2) 车速传感器和输入轴转速传感器

车速传感器安装在自动变速器输出轴附近。用于检测自动变速器输出轴的转速。电控单元根据车速传感器的信号计算出车速,作为其换挡控制的依据。输入轴转速传感器安装在与输入轴连接的离合器毂附近的壳体上,3个传感器的位置图如图3-5-6~图3-5-8所示。

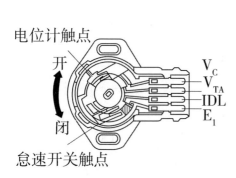

图3-5-4 节气门位置传感器触点图　　图3-5-5 节气门位置传感器电路图

丰田A341E型自动变速器有3个转速传感器,分别是:2号车速传感器、1号车速传感器、输入转速传感器。其中2号车速传感器是主传感器,将信号传给ECU,如图3-5-6所示。1号车速传感器是仪表车速信号,同时也是2号车速传感器的备用,如图3-5-7所示。输入转速传感器和车速传感器进行比较,以确定换挡正时,使换挡平顺,如图3-5-8所示。

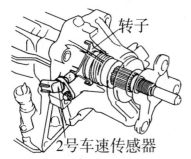
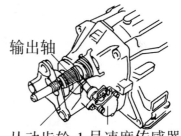

图3-5-6 2号车速传感器安装位置图　　图3-5-7 1号车速传感器安装位置图

2号车速传感器和输入转速传感器是磁感应式,结构图、原理图和波形图分别如图3-5-9~图3-5-11所示。

车速传感器由永久磁铁和电磁感应线圈组成,如图3-5-9所示。它固定在自动变速器输出轴附近的壳体上,靠近安装在输出轴上的感应转子。当输出轴转动时,感应转子的凸齿不断地靠近或离开车速传感器,使感应线圈的磁通量发生变化,从而产生交流感应电压,如图3-5-11所示。车速越高,输出轴的转速也越高,感应电压的脉冲频率也越大。电脑根据感应电压脉冲频率的大小计算出车速。

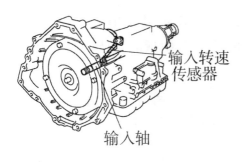

图 3-5-8　输入转速传感器
安装位置图

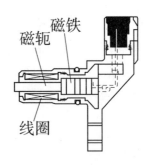

图 3-5-9　2 号车速传感器和输入
转速传感器结构图

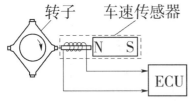

图 3-5-10　2 号车速传感器和输入
转速传感器原理图

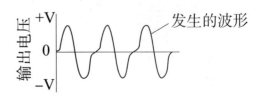

图 3-5-11　2 号车速传感器和输入
转速传感器波形图

1 号车速传感器是磁阻式,结构图、原理图和电路图分别如图 3-5-12 ~ 图 3-5-14 所示。

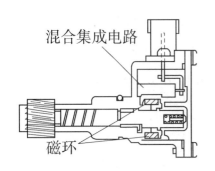

图 3-5-12　1 号车速传感器
结构图

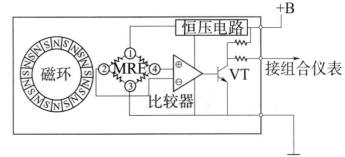

图 3-5-13　1 号车速传感器原理图

3)油温传感器

如图 3-5-15 所示,油温传感器为负温度电阻系数的热敏电阻,用来检测自动变速器油的温度,并将信号传给电控单元,来控制换挡和变矩器锁止离合器的工作。

4)强制降挡开关

用来检测加速踏板是否超过节气门全开的位置。当加速踏板超过节气门全开位置时,强制降挡开关便接通,并向电控单元输送信号,这时电控单元即按其内存设置的程序控制换挡,并使变速器自动下降一个挡位,以提高汽车的加速性能。如果强制降挡开关短路,则电控单元不计其信号,按换挡杆位置控制换挡。

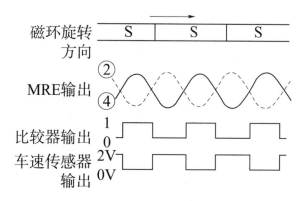

图 3-5-14　1 号车速传感器电路图

许多新型变速器采用由节气门踏板联动装置上的开关操纵电磁阀强制降挡,如图 3-5-16 所示。当节气门开度很大时,由开关输出信号给电磁阀迫使变速器立即降挡。

5)制动灯开关

制动灯开关用以判断制动踏板是否踩下,如图 3-5-17 所示。如果踩下,则该开关便将信号输给电控单元,以解除锁止离合器的接合,防止突然制动时发动机熄火。

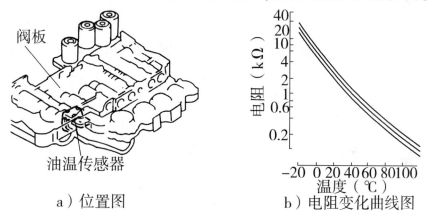

a)位置图　　　　b)电阻变化曲线图

图 3-5-15　自动变速器油温传感器

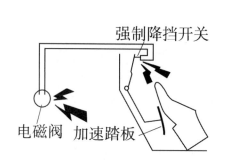

图 3-5-16　强制降挡开关位置图

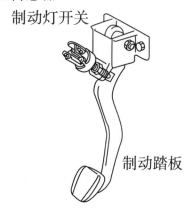

图 3-5-17　制动灯开关位置图

6) 超速挡开关

超速挡开关由驾驶员自主操作,选择在车辆行驶过程中是否可以升入超速挡,安装位置如图 3-5-18 所示。

如图 3-5-19 所示,超速挡开关处于 ON 位置时,开关内的触点是断开的,此时"O/D OFF"指示灯不亮,同时 ECU 的 OD_2 端子有 12V 电压输入,此时若换挡杆位于 D 位,自动变速器随着车速的升高而升挡时,最高可升入 4 挡(即超速挡)。

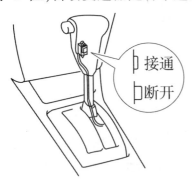

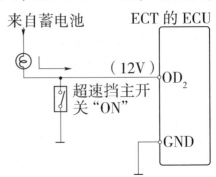

图 3-5-18 超速挡开关位置图　　图 3-5-19 超速挡开关 ON 状态

如图 3-5-20 所示,超速挡开关处于 OFF 位置,开关内的触点闭合,仪表盘内的"O/D OFF"指示灯亮(表示限制超速挡的使用),ECU 的 OD_2 端子电压为 0V,此时虽然操纵手柄位于 D 位,最高也只能升入 3 挡,不能升入超速挡。

线路出现故障后,如果 ECU 的 OD_2 端子始终有 12V 电压输入,则不能通过超速挡开关解除超速挡;如果 ECU 的 OD_2 端子始终是 0V 电压,则车速始终不能升入超速挡。

7) 模式开关

驾驶人员可依据换挡和锁定,选择其功能方式,其结构如图 3-5-21 所示。常见的自动变速器的控制模式有以下几种。

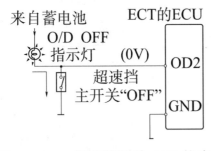

图 3-5-20 超速挡开关 OFF 状态　　图 3-5-21 模式开关结构图

(1)经济模式。这种控制模式是以汽车获得最佳的燃油经济性为目标来设计换挡规律的。在这种模式下能使发动机在汽车行驶过程中经常处在经济转速范围内运转,从而提高燃油经济性。

(2) 动力模式。这种控制模式是以汽车获得最大的动力性为目标来设计换挡规律的。在这种控制模式下,自动变速器的换挡规律能使发动机在汽车行驶过程中经常处在大功率范围内运转,从而提高汽车的动力性能和爬坡能力。

(3) 标准模式。标准模式是指换挡规律介于经济模式和动力模式之间的一种换挡模式。它兼顾了动力性和经济性,使汽车既保证一定的动力性,又有较佳的燃油经济性。

8) 电磁阀

电磁阀是电子控制装置中的执行器,常见的有开关式和脉冲线性式两种。

开关式电磁阀的作用是开启或关闭液压油路,通常用于控制换挡阀及变矩器锁止控制阀的工作。脉冲线性式电磁阀的作用通常用来控制油路中的油压。用于换挡油路、主油压、蓄压器背压等液压控制。两种电磁阀的结构和外形如图 3-5-22、图 3-5-23 所示。

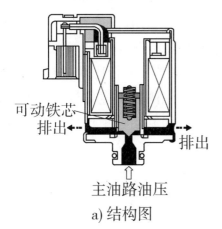

a) 结构图　　　　　　　　　　b) 外形图

图 3-5-22　开关式电磁阀

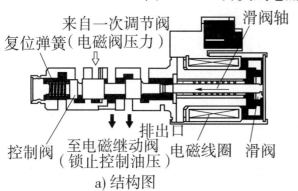

a) 结构图　　　　　　　　　　b) 外形图

图 3-5-23　脉冲线性式电磁阀

9）ECU 供电回路

如图 3-5-24 所示为 ECU 的供电回路。为了保证存储器的存储内容不会丢失，ECU 有两条供电回路。ECU 的输入 IG 端子（点火）通过点火开关供电，关断点火开关，发动机熄火，此路供电中断。但是 ECU 的输入 +B 端子（蓄电池）不经过点火开关，在点火开关处于"OFF"位置时，仍能够保持 ECU 的供电状态，保证存储器内的内容不会丢失。

4．ECU 的控制功能

自动变速器 ECU 常见控制内容有：换挡控制、油路压力控制、自动模式选择控制、锁止离合器控制、改善换挡感觉、发动机制动控制、使用输入轴转速传感器的控制、故障自诊断和失效保护功能控制。

1）换挡控制

换挡控制即控制自动变速器的换挡时刻，也就是在汽车达到某一车速时，让自动变速器升挡或降挡。电控单元将汽车在不同使用要求下的最佳换挡规律以自动换挡图的形式储存在存储器中。在汽车行驶中，电控单元根据挡位开关和模式开关的信号从存储器内选择出相应的自动换挡图，再将车速传感器和节气门位置传感器测得的车速、节气门开度与自动换挡图进行比较；根据比较结果，在达到设定的换挡车速时，电控单元便向换挡电磁阀发出电信号，控制阀体中相应的换挡阀动作，使行星齿轮机构中对应离合器和制动器工作，实现挡位的自动变换，如图 3-5-25 所示。

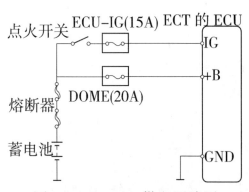

图 3-5-24 ECU 供电回路图

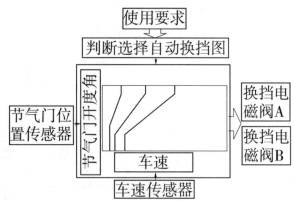

图 3-5-25 自动换挡控制图

2）油路压力控制

如图 3-5-26 所示，节气门开度越大，脉冲电信号的占空比越小，油压电磁阀的排油孔开度越小，节气门油压越大。这一节气门油压反馈至主油路调压阀，作为主油路调压阀的控制压力，使主油路调压阀随着节气门开度的变化改变所调节的主油路油压的大小,以获得不同发动机负荷下主油路油压的最佳值,并将驱动油泵的动力损失减到最小。

3) 自动模式选择控制

目前,一些新型的电子控制自动变速器由于采用了由大规模集成电路组成的电控单元,具有很强的运算和控制功能,并具有一定的智能控制能力,因此这种自动变速器可以取消模式开关,由电控单元进行自动模式选择控制。电控单元在进行自动模式选择控制时,主要参考换挡杆的位置及加速踏板被踩下的速率,以判断驾驶员的操作目的,自动选择控制模式,如图3-5-27所示。

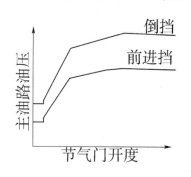

图 3-5-26　主油路压力控制图

图 3-5-27　自动模式选择控制图

(1) 当换挡杆位于前进低挡(S、L或2、1)时,电控单元只选择动力模式。

(2) 当换挡杆位于前进挡(D),且加速踏板被踩下的速率较低时,电控单元选择经济模式;车速越低或节气门开度越大,越容易选择动力模式。

4) 锁止离合器控制

如图3-5-28所示,电控单元根据变速器的挡位、控制模式等工作条件从存储器内选择出相应的锁止控制程序,再将车速、节气门开度与锁止控制程序进行比较。当车速足够高,且其他各种因素均满足锁止条件时,电控单元即向锁止电磁阀输出电信号,使锁止离合器接合,实现变矩器的锁止。

5) 发动机制动控制

当条件满足要求时(如换挡杆位于前进低挡位置,且车速大于10km/h,节气门开度小于1/8),EC-AT起动发动机制动控制程序,使某些影响发动机制动的离合器电磁阀或者制动器电磁阀工作,打开有关强制离合器或强制制动器油路,达到使自动变速器具有反向传递动力的能力,在汽车滑行时以实现发动机制动。

6) 使用输入轴转速传感器的控制

电控单元通过输入轴转速传感器可以检测出自动变速器输入轴的转速,并由此计算出变矩器的传动比(即泵轮和涡轮的转速之比)以及发动机曲轴和自动变速器输入轴的转速差,从而使电控单元更精确地控制自动变速器工作。也可以与自动变速器输出轴转速传感器的信号对比,并由此计算出变速器的效率;从而获得最佳的换挡感觉和乘坐舒适性。

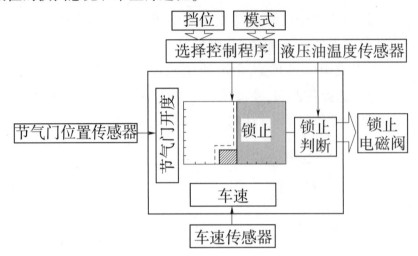

图 3-5-28　锁止离合器控制图

7) 故障自诊断和失效保护功能控制

为了及时发现电子控制装置中的故障,并在出现故障时尽可能使自动变速器保持最基本的工作能力,以维持汽车行驶。目前许多电子控制自动变速器的电子控制装置具有故障自诊断和失效保持功能。这种电子控制装置在电控单元内设有专门的故障自诊断电路,它在汽车行驶过程中不停地监测自动变速器电子控制装置中所有传感器和部分执行器的工作。一旦发现某个传感器或执行器有故障,立即采取保护措施。

(1) 独立设置故障灯。

(2) 以超速挡指示灯("O/D"灯)作为故障灯,灯亮起后,按动"O/D"灯也不能将它熄灭,说明已检测到故障。

(3) 将检测到的故障内容以故障码的形式储存在 EC-AT 内。只要不拆除蓄电池,一直保留。

(4) 显示故障码。

传感器或执行器出现故障时,电控单元按设定的失效保护程序控制 EAT 工作,保持汽车的基本行驶能力。采取的失效保护功能有:

(1) 节气门位置传感器出现故障时,电控单元根据怠速开关的状态进行控制。

(2) 车速传感器出现故障时,电控单元不能进行自动换挡控制,此时自动变速器的挡位由换挡杆的位置决定。

(3)输入轴转速传感器出现故障时,电控单元停止减矩控制,换挡冲击有所增大。

(4)液压油温度传感器出现故障时,电控单元按液压油温度为80℃的设定进行控制。

(5)换挡电磁阀出现故障时,能通过移动换挡手柄来变换挡位,实现车辆的行驶,但会失去某些挡位。

(6)强制离合器或强制制动器电磁阀出现故障时,电控单元停止电磁阀的工作,让强制离合器或强制制动器始终处于接合状态,这样汽车减速时总有发动机制动作用。

(7)锁止电磁阀出现故障时,电控单元停止锁止离合器控制,使锁止离合器始终处于分离状态。

(8)油压电磁阀出现故障时,电控单元停止锁止离合器控制,使油路压力保持为最大。

二、实训操作

1. 技术标准与要求

见各元件的检测。

2. 工具、设备和材料的准备

自动挡汽车,丰田 A341E 型自动变速器,通用及专用工具,万用表,导线等。

3. 作业前的准备

检查汽车技术状况,检查各工具、量具。

4. 节气门位置传感器 TPS 检测

1)电阻检测

(1)关闭点火开关。

(2)拔去节气门位置传感器线束插头。

(3)用万用表测量怠速开关的导通情况。节气门全闭时,应导通;节气门开启时,应不导通。

(4)用万用表测量线性电位计的电阻(图 3-5-29 中 E_2 与 V_{TA} 之间的电阻)。该电阻应能随节气门开度的增大而呈线性增大。

(5)将测量结果与表 3-5-2 进行比较。如有不符,应调整或更换节气门位置传感器。

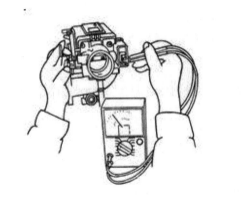 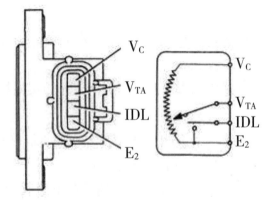

图 3-5-29　节气门位置传感器 TPS 检测

LS400 节气门位置传感器的电阻标准　　表 3-5-2

测量端	节气门开度	电阻($k\Omega$)
IDL-E_2	全闭	≤0.5
	全开	无穷大
V_{TA}-E_2	全闭	0.34～6.3
	全开	2.4～11.2
V_C-E_2	任意	3.1～7.2

2）电压检测

（1）打开点火开关，不起动发动机。

（2）缓慢踩下加速踏板，同时观察电压表指针的指示情况。

（3）若电压表指示的电压能随着加速踏板的逐渐被踩下而呈阶跃性增大（图3-5-30），说明节气门位置传感器工作正常。

5.转速传感器的检测

1）感应线圈电阻的测量（图 3-5-31）

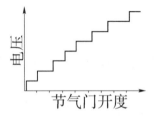 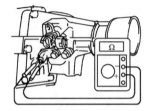

图 3-5-30　信号电压随节气门开度变化图　　图3-5-31　转速传感器电阻的测量

（1）拔下车速传感器或输入轴转速传感器线束插头。

(2)用万用表测量车速传感器两接线端之间的电阻。不同车型自动变速器的这种传感器感线圈的电阻不完全相同,通常为几百欧到几千欧。A341E为620Ω。

2)输出脉冲的测量

(1)用千斤顶将汽车一侧的驱动轮顶起,让操纵手柄位于空挡位置。

(2)用手转动悬空的驱动轮,同时用万用表测量车速传感器两接线柱之间有无脉冲感应电压。其电压值应为0~5V。

(3)如果没有感应电压或感应电压很微弱,说明传感器有故障,应更换。

6. 油温传感器检测

(1)拆下液压油温度传感器。

(2)将传感器置于盛有水的烧杯,加热杯中的水,同时测量在不同温度下传感器两接线端之间的电阻,见图3-5-32。

(3)将测量的电阻值与标准相比较。如果不符合标准,应更换传感器。

7. 制动灯开关检测

电路图如图3-5-33所示。

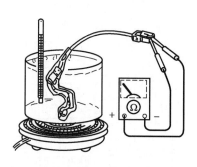

图3-5-32　油温传感器检测　　图3-5-33　制动灯开关电路图

(1)打开点火开关,不要起动发动机。

(2)踩下或松开制动踏板,同时观察电压表指针的指示情况。

(3)松开制动踏板即非制动状态,开关内触点没有接通,制动灯不亮,STP端子电压为0V。

(4)踩下制动踏板即制动状态,开关内触点闭合,制动灯亮,STP端子电压为12V,说明制动灯开关工作正常。

8. 电磁阀的检测

(1)用万用表测量 S_1、S_2、S_3、S_4 四个电磁阀线圈的电阻,应为11~16Ω;否则,应更换电磁阀。

(2)工作性能检查:将蓄电池电压施加在电磁阀线圈上,此时应能听到电磁阀工作的"咔哒"声;否则,说明阀芯被卡住,应更换电磁阀。

(3)密封性检查。如图3-5-34所示,将$5kg/cm^2$压缩空气吹入电磁阀进油口。在电磁阀S_1、S_2、S_4上加载蓄电池电压后,应有空气漏出,断开蓄电池电压应保证空气不通过电磁阀;否则,说明电磁阀损坏,应更换。

如图3-5-35所示,在锁止电磁阀S_3上加载蓄电池电压后,空气不应通过电磁阀,断开蓄电池电压应有空气漏出;否则,说明电磁阀损坏,应更换。

 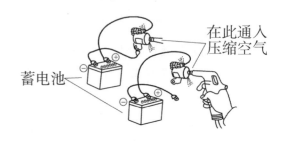

图3-5-34　S_1、S_2、S_4电磁阀密封性检查　　图3-5-35　锁止电磁阀密封性检查

9. 电控单元线束端子电压检测

(1)雷克萨斯LS400型自动变速器电控装置端子如图3-5-36所示。

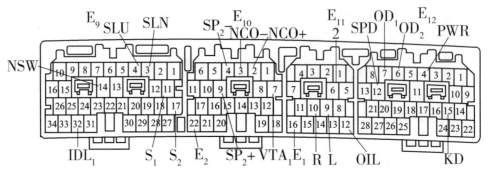

图3-5-36　雷克萨斯LS400自动变速器电控装置端子图

(2)雷克萨斯LS400型自动变速器电控装置端子电压见表3-5-3。

雷克萨斯LS400型自动变速器电控装置端子电压　　表3-5-3

端子号	功能/说明	电压值(除非另加说明均指直流电压)
S_1	1号电磁阀	10~14V,KOEO
S_2	2号电磁阀	≤0.5V,KOEO
SLU	3号(锁止)电磁阀	4~14V,KOEO

续上表

端子号	功能/说明	电压值(除非另加说明均指直流电压)
SLN	4号电磁阀	10~14V,KOEO
NSW	P/N位开关	0~1V,P位或N位,KOEO
VTA_1	节气门位置传感器输出信号	3.0~3.5V(节气门全开)
IDL_1	关闭节气门传感器信号	0~1V(节气门关闭),KOEO
SPD	1号车速传感器	0~8V(脉冲),汽车行驶,KOEO
KD	强制降挡开关	10~14V,开关置"OFF",KOEO
R	P/N挡位开关"R"位信号	10~14V,KOEO
2	P/N挡位开关"2"位信号	10~14V,"2"位,KOEO
L	P/N挡位开关"L"位信号	10~14V,"L"位,KOEO
OD_1	来自巡航控制电子控制装置的输入	9~14V,KOEO
OD_2	超速挡开关信号	10~14V,开关置"ON"位置
PWR	换挡模式选择开关信号	10~14V,"PWR"位置
OIL	自动变速器/变速驱动桥油温传感器	0~1V,传感器,230℉(110℃)
+B	发动机燃油喷射主继电器电源	10~14V,KOEO
BATT	蓄电池电压	10~14V(恒定)
E_1	搭铁	不适用

三、评价与反馈

班级		姓名		学号		日期	

课题五 电子控制系统的检修

一、相关知识

1. 电子控制系统的控制过程：

2. 节气门位置传感器的原理与作用：

续上表

二、操作内容

请根据你所检查的实际情况填写以下内容。

节气门位置传感器 TPS 检测：

1. 用万用表测量怠速开关的导通情况。节气门全闭时，_____；节气门开启时，_____。

2. 用万用表测量线性电位计的电阻（图中 E_2 和 VTA 之间的电阻）。随节气门开度的增大电阻值_____。

3. 将测量结果与表 3-5-2 进行比较，判断节气门位置传感器工作是否有问题。（　　　）

转速传感器的检测（A341E 型）：

1. 测量车速传感器感应线圈的电阻值，其值为_____Ω。

2. 测量车速传感器两接线柱之间有无脉冲感应电压。如果有，电压值为_____V。

三、评价反馈

1. 学生自我评价该课题的完成情况：

2. 学生建议（含对教师的评价、要求及教学建议等）：

成绩评定		教师	

知识拓展

1. 某轿车使用自动变速器，近两个月来发现该车即使在平坦道路上行驶，加速踏板保持稳定，自动变速器也会经常突然降挡，发动机转速上升，随后车速和发动机转速又恢复正常，请回答以下问题。

(1) 维修前应做_____检查。

(2) 产生这种现象表明（　　　）：

　　A. 发动机功率突然变大　　　　B. 车辆负荷稳定

　　C. 自动变速器的输出转矩不稳定　D. 自动变速器频繁换挡

(3)应重点检查的电路是＿＿＿＿＿＿＿＿＿＿＿＿。
(4)应重点检查的传感器是＿＿＿＿和＿＿＿＿。
2.结合实际,分析排除实验室现有车型自动变速器电控系统故障。
(1)故障码读取及清除(详细列出四种读取清除故障码的方法)。

(2)识读电路图。

(3)分析与排故故障。

课题六　液力变矩器的检修

学习目标

完成本课题学习后,你应能:
1.叙述液力变矩器的作用;
2.叙述液力变矩器的主要组成及其作用;
3.叙述液力变矩器的工作原理;
4.与同学密切合作,规范、安全地进行液力变矩器各项目的检查。

建议课时

4课时。

学习任务(情境)描述

一辆2020年的科鲁兹汽车,该车停放半年后出现以下现象:热车后踩下制动踏板,车速降到40km/h时,就会熄火。且有一次在紧急情况下,通过推车居然能够起动车辆。需要你对自动变速器进行检测,确定故障部位并进行修理,重点检查液力变矩器部分。

学习内容

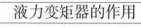

一、资料收集

1. 液力变矩器安装位置

液力变矩器的安装位置如图3-6-1、图3-6-2所示,变矩器与发动机的连接关系如图3-6-3所示。

图3-6-1 自动变速驱动桥　　图3-6-2 自动变速器

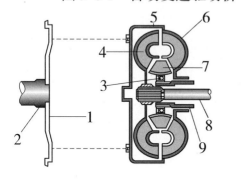

图3-6-3 变矩器与发动机连接关系
1-驱动盘;2-曲轴;3-导轮单向离合器 4-涡轮;5-前壳体;6-泵轮;7-导轮;8-变速器输入轴;9-变矩器壳体

2. 液力变矩器的作用

(1)传递动力。在不同的工况下,将发动机动力以液压或机械的方式传递至变速器。

(2)降速增矩。在涡轮轴转速较低时,可增加发动机的输出转矩及降低变速器输出转速,使车辆易于起步。

(3)缓冲振动。因液力变矩器是靠液力来传递动力,故可减小发动机的振动和由车辆传动系传至发动机的振动。

(4)充当自动离合器。它可以在发动机运转且变速器挡位齿轮啮合的情况下,使车辆保持静止不动。

(5)驱动变速器油泵。

(6)充当飞轮。变矩器可以增加发动机飞轮的转动惯量,起到与飞轮相同的作用，可以使发动机运转平稳。

3. 液力变矩器的结构组成及作用

液力变矩器由泵轮、导轮、涡轮、单向离合器和锁止离合器组成。液力变矩器内充满油泵提供的自动变速器油，变速器油被泵轮甩出，成为一股强大的油流，推动液力变矩器的涡轮转动。其结构组成如图3-6-4所示。

图3-6-4　液力变矩器的结构组成图

1）泵轮

泵轮是主动件，与变矩器壳体连成一体，其内部径向装有许多扭曲的叶片，叶片内缘则装有让变速器油液平滑流过的导环，如图3-6-5所示。变矩器壳体与曲轴后端的驱动盘相连接。

泵轮的作用是将发动机的机械能转变为液力能，并通过延伸套驱动自动变速器的油泵工作。

2）涡轮

涡轮是从动件，其上也装有许多叶片，如图3-6-6所示。但涡轮叶片的扭曲方向与泵轮叶片的扭曲方向相反。涡轮中心有花键孔与变速器输入轴相连。泵轮叶片与涡轮叶片相对安置，中间有3~4mm的间隙。

涡轮的作用是将液力能转变为机械能，输入给变速器。

3）导轮

导轮位于泵轮与涡轮之间，由许多扭曲叶片组成，导轮孔内装有单向离合器，如图3-6-7所示。

导轮的作用是在汽车起步或低速行驶时，增大变速器的输入转矩。

4）单向离合器

单向离合器安装于导轮孔内。单向离合器的外圈与导轮配合，单向离合器的内圈用花键槽与变速器壳体配合，只允许导轮以与泵轮旋转方向相同的方向旋转。单向离合器的结构图和实物图如图3-6-8所示。

图 3-6-5　泵轮实物图　　图 3-6-6　涡轮实物图　　图 3-6-7　导轮实物图

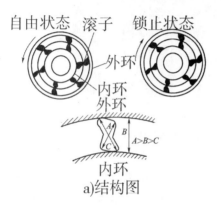 

a)结构图　　　　　　　　　　　　b)实物图

图 3-6-8　单向离合器

5）锁止离合器

锁止离合器的功用：提高了传动效率，提高了动力性，减少了燃油消耗。

（1）锁止离合器的组成。

①减振盘。它与涡轮连接在一起，减振盘上装有减振弹簧（图 3-6-9），在离合器接合时，防止产生扭转振动。

②锁止离合器。通过凸起卡在减振盘上，可在油压的作用下轴向移动。

③离合器壳。它与泵轮连接在一起，前盖上粘有一层摩擦材料（图 3-6-10），以增加离合器接合时的摩擦力。

图 3-6-9　减振弹簧　　　　　　图 3-6-10　锁止离合器摩擦片

(2)工作原理。

①当车辆低速行驶时,自动变速器油由锁止离合器从动盘的前端流入,所以锁止离合器从动盘前端及后端的压力基本相等,使锁止离合器不起作用,处于分离状态,变矩器起变速变矩作用,如图3-6-11所示。

②当车辆高速行驶时,信号阀中的滑阀向上移动,使继动阀中的滑阀也向上移动,改变油路,油液从锁止离合器的后端流入,锁止离合器与前盖之间的油液被排出,两面的压力不等,使其向前移动,锁止离合器接合,如图3-6-12所示。

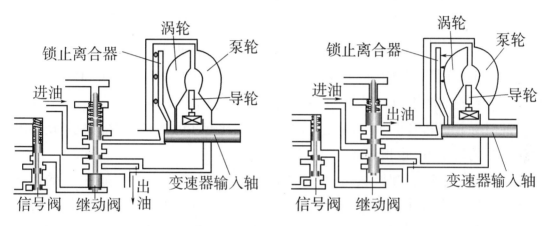

图3-6-11　分离状态　　　　　　图3-6-12　接合状态

③锁止离合器分离与接合时的动力传递过程如图3-6-13所示。

图3-6-13　锁止离合器分离与接合时的动力传递过程图

4.液力变矩器的工作原理(图3-6-14)

(1)工作液的流动:驱动涡轮的工作液经导轮流回泵轮。如图3-6-14a)所示。

(2)汽车起步时,在泵轮液体循环流动过程中,从涡轮冲出的液流打在导轮的叶片正面,液流的运动方向正好使导轮逆时针旋转而被单向离合器锁止,导轮通过液流给涡轮一个反作用力矩,其力矩的大小和方向随涡轮的转速而变化,从而使涡轮输出的转矩大于泵轮输入的转矩。$M_W = M_B + M_D$,此时导轮静止不动,导轮上的转矩 M_D 最大,使得涡轮上所受的转矩 M_W 也最大,这样有利于汽车起步,如图3-6-14b)所示。

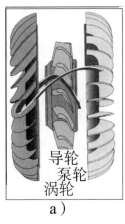
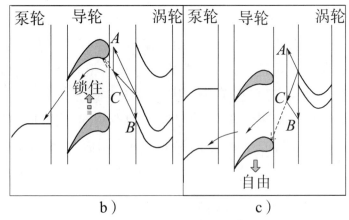

图 3-6-14 液力变矩器的工作原理图

(3) 当汽车低速行驶时,涡轮的速度比起步时要快,涡轮的转矩 M_w、泵轮的转矩 M_B、导轮的转矩 M_D,三者之间存在以下关系:$M_w = M_B + M_D$。

此时导轮仍然静止不动,导轮上的转矩 M_D 比起步时的转矩 M_D 要小,使得涡轮上所受的转矩 M_w 也相应减小。

(4) 汽车高速行驶时,从涡轮冲出的液流打在导轮的叶片背面,液流的运动方向正好使导轮顺时针旋转而被单向离合器解除锁止,导轮随之自由转动,使得 $M_D = 0$。此时涡轮的转矩 M_w、泵轮的转矩 M_B、导轮的转矩 M_D,三者之间存在以下关系:$M_w = M_B$,如图 3-6-14 所示。

提示:冷却液温度、车速、节气门开度、ATF 温度都符合规定才能锁止。

5. 液力变矩器的冷却

目的:保持液力变矩器传动效率。

散热过程:如图 3-6-15 所示。

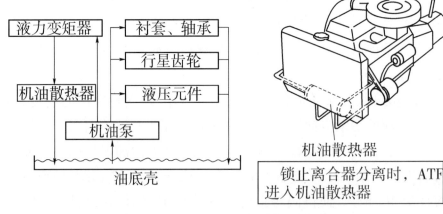

图 3-6-15 液力变矩器的冷却图

二、实训操作

1. 技术标准与要求

（1）丰田 A341E 型自动变速器的安装距离为 26mm（即变矩器安装面至变矩器壳体前端面的距离）。

（2）变矩器轴套的径向圆跳动量不超过 0.3mm。

2. 工具、设备和材料的准备

检查单向离合器的专用工具，百分表，自动挡轿车，常用、专用工具等。

3. 作业前的准备

车辆技术状况正常，清洁液力变矩器。

4. 检查外部

检查液力变矩器外部有无损坏和裂纹，轴套外径有无磨损，驱动油泵的轴套缺口有无损伤；如有异常，应更换液力变矩器。

5. 检查导轮单向离合器

用专用工具将导轮叶片固定，转动单向离合器的内圈，应该一个方向自由灵活转动，另一个方向可靠锁止，如图 3-6-16 所示。

6. 检查液力变矩器轴套的径向圆跳动量

将液力变矩器所在位置作标记，暂时装到发动机驱动盘上，以确保安装正确。安装百分表进行测量；最大偏摆量不超过 0.3mm。如果径向圆跳动量过大，则重新调整液力变矩器的安装方位进行校正，仍然得不到修正，应更换液力变矩器，见图 3-6-17。

提示：更换液力变矩器时，一定注意其型号要相同。

图 3-6-16　检查导轮单向离合器

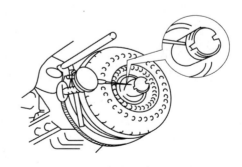

图 3-6-17　检查液力变矩器轴套的径向跳动量

7. 检查锁止离合器是否工作

可以用道路测试的方法进行。测试中使汽车加速至超速挡,以高于80km/h的速度行驶,并让节气门开度保持在1/2位置,使变矩器进入锁止状态。此时快速将加速踏板踩下至2/3开度,同时检查发动机转速的变化情况。若发动机转速没有太大变化,说明锁止离合器处于接合状态;反之,若发动机转速升高很多,说明锁止离合器没有接合,见图3-6-18。

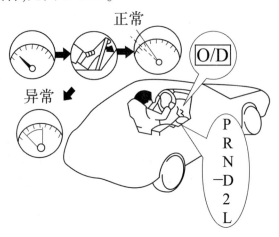

图3-6-18 检查锁止离合器是否工作

提示:汽车保持稳定的80km/h车速,突然紧急制动,发动机熄火,说明锁止离合器不能解除锁止。

8. 安装液力变矩器

安装液力变矩器要注意以下几项:

(1)做好液力变矩器的清洁工作;

(2)装复时按原位装回,以免影响动平衡;

(3)更换液力变矩器一定注意型号要相同;

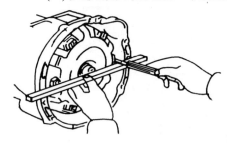

图3-6-19 检查安装尺寸

(4)安装液力变矩器时,轻轻向里旋转,要注意油泵驱动轴套与油泵主动轮之间的配合键槽应对齐插牢;

(5)安装后要检查安装尺寸以确保安装正确,见图3-6-19。

用游标卡尺和直规测量从变矩器安装面至变矩器壳体前端面的距离,丰田A341E型自动变速器安装距离为26mm。如果距离小于标准距离,应检查安装是否正确。

项目三　自动变速器的检修

三、评价与反馈

班　级		姓　名		学　号		日　期	

课题六　液力变矩器的检修

一、相关知识

  1. 液力变矩器的主要组成及其作用：

  2. 液力变矩器的工作原理：

二、操作内容

　　根据你所检查的实际情况，填写以下内容。

　　液力变矩器的检测：

  1. 变矩器轴套的径向圆跳动量不应超过_____mm。
  2. 检查液力变矩器外部有无损坏和裂纹（　　　）、轴套外径有无磨损（　　　）、驱动油泵的轴套缺口有无损伤（　　　），如有异常，应更换液力变矩器。
  3. 用专用工具将导轮叶片固定，转动单向离合器的内圈，运行状况是_____。
  4. 检测液力变矩器轴套的径向圆跳动量，偏摆量为_____mm。
  5. 检查锁止离合器是否工作（　　　）。

三、评价反馈

  1. 学生自我评价该课题的完成情况：

  2. 学生建议（含对教师的评价、要求及教学建议等）：

成绩评定			教师	

知识拓展

1. 液力变矩器的特性曲线如图3-6-20所示。

(1) K 为变矩比,是_____与_____之比。

(2) i 为转速比,是_____与_____之比。

(3) η 为_____,是_____与_____之比。

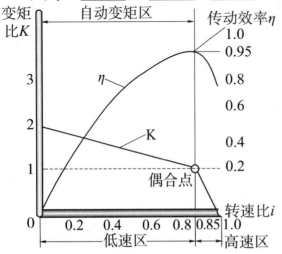

图3-6-20 液力变矩器的特性曲线图

(4) 变矩比随着涡轮转速的减小而_____,即当行驶阻力大时,液力变矩器自动输出_____转矩,这一特性对行驶阻力变化较大的汽车来说是非常适合的,此即所谓的适应性好。

(5) 汽车起步后涡轮的转速逐渐增大,涡轮输出转矩逐渐减小,达到耦合点,即 $K=$ _____时,此时涡轮的转矩_____泵轮的转矩。

2. 自动挡车出现起步困难或低速加速不良故障,请从液力变矩器方面分析原因。

课题七　换挡执行元件的检修

学习目标

完成本课题学习后,你应能:

1. 叙述换挡执行元件的作用、种类;

2. 叙述离合器、制动器、单向离合器的作用、结构组成及工作原理;

3. 叙述各类换挡执行元件的检修内容及标准;

4. 与同学密切配合,规范检修丰田A341E型自动变速器的换挡执行元件,并评定其技术状况。

建议课时

4课时。

项目三 自动变速器的检修

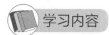 **学习任务（情境）描述**

一辆自动挡轿车,将自动变速器换挡杆挂入 D 挡,行驶中,按动设置在换挡杆手柄处的超速挡 O/D 开关后,车速不能按要求随着加速踏板的踩下而自动加速到 150km/h 以上。当节气门全开时,最高车速只能达到 120km/h。需要你对车辆换挡执行部分进行检测,确定故障部位并进行修理。

学习内容

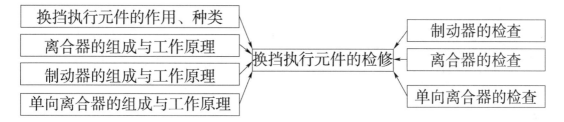

一、资料收集

1. 换挡执行元件的作用

执行元件是用于约束行星齿轮机构的基本元件。通过适当选择被约束的基本元件和约束方式,可以得到不同的传动比,实现变速。

2. 换挡执行元件的分类

自动变速器的换挡执行元件有三种:离合器、制动器、单向离合器。离合器和制动器是以液压方式控制行星齿轮机构元件的旋转,而单向离合器则是以机械方式对行星齿轮机构的元件进行锁止。

3. 离合器

1）作用

用来连接输入轴、中间轴、输出轴和行星排的某个基本元件,或将行星排的某两个基本元件连接在一起,使之成为一个整体转动,实现转矩的传递。

2）结构

多片湿式离合器的结构如图 3-7-1 所示。离合器活塞安装在离合器鼓内,它是一种环状活塞,由活塞内外圆的密封圈保证其密封,从而和离合器鼓一起形成一个封闭的环状液压缸,并通过离合器鼓内圆轴颈上的进油孔和控制油道连通。钢片和摩擦片交错排列,两者统称为离合器片。钢片的外花键齿安装在离合器鼓的内花键齿圈上,

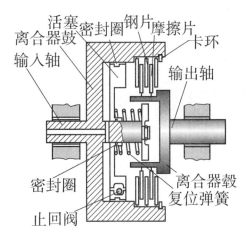

图 3-7-1　多片湿式离合器的结构示意图

可沿齿圈键槽作轴向移动;摩擦片由其内花键齿与离合器毂的外花键齿连接,也可沿键槽作轴向移动。摩擦片的两面均为摩擦系数较大的铜基粉末冶金层或合成纤维层。离合器鼓或离合器毂分别以一定的方式与变速器输入轴或行星排的某个基本元件相连接。

3)工作原理(图 3-7-2)

离合器接合:当来自控制阀的液压油进入离合器液压缸时,推动止回阀钢球,使其关闭止回阀。活塞克服复位弹簧力的作用,将所有的钢片和摩擦片相互压紧在一起,产生摩擦力,离合器接合。

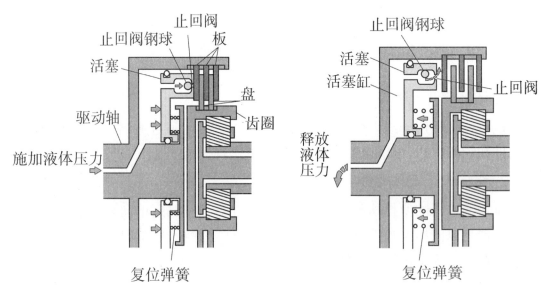

图 3-7-2　多片湿式离合器的工作原理图

离合器分离:当液压控制系统将作用在离合器液压缸内的液压油的压力解除后,止回阀在离心力的作用下离开阀座,活塞缸外缘的油液经止回阀流出,活塞在复位弹簧的作用下回到原位,离合器分离。

4. 制动器

1)作用

制动器是将行星齿轮机构中三个基本元件之一与变速器壳体相连,使该元件被约束固定而不能旋转,以便和离合器或单向离合器配合,实现不同挡位的输出。

2)结构

目前,最常见的是带式制动器和多片湿式制动器两种。多片湿式制动器的结构与离合器基本相同,下面介绍带式制动器。

提示:离合器和制动器的区别为离合器的钢片可以随鼓一起旋转,而制动器的钢片固定在壳体上不能旋转。

带式制动器又称制动带,它主要由制动鼓、制动带、液压缸及活塞、推杆等组成,如图3-7-3所示。

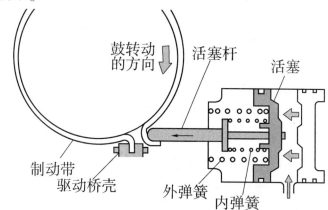

图3-7-3 带式制动器结构图

3)带式制动器工作原理

制动:当控制油压加在活塞上时,活塞向左移,压缩复位弹簧,推杆推动制动带的一端,由于制动带的另一端固定在变速器壳体上,制动带的直径变小,箍紧在转鼓上,在制动带与转鼓之间产生很大的摩擦力,使之无法转动。

解除制动:当活塞缸中没有控制油压时,活塞和推杆在复位弹簧的作用下被推回,制动带松开,转鼓解除制动。

5. 单向离合器

1)作用

将约束元件单向锁止,另一方向自由转动,以实现换挡或提高换挡质量的要求。

2)结构、原理

常用的结构形式:滚柱斜槽式、楔块式。

滚柱斜槽式单向离合器由外圈、内圈、滚柱、弹簧等组成,如图3-7-4所示。

内外圈分别和行星排的基本元件或者变速器壳体连接。在外圈的内表面制有与滚柱相同数目的楔形槽。内外圈之间的楔形槽内装有滚柱和弹簧。弹簧的弹力将各滚柱推向楔形槽较窄的一端。当外圈相对于内圈朝顺时针方向转动时,滚柱便在摩擦力和弹簧弹力的作用下被卡死在楔形较窄的一端,于是内外圈互相连接成一个整体,不能相对转动,此时单向离合器处于锁止状态,与内、外圈连接的基本元件被单向固定或者连成一整体。当外圈相对于内圈朝逆时针方向转动时,滚柱在摩擦力的作用下,克服弹簧的弹力,滚向楔形槽较宽的一端,出现打滑现象,外圈相对于内圈可以作自由滑转,此时单向离合器脱离锁止而处于自由状态。有些单向离合器的楔形槽开在内圈上,其工作原理和楔形槽开在外圈上的相同。

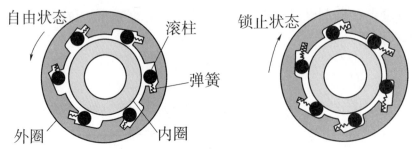

图 3-7-4　滚柱斜槽式单向离合器

楔块式单向离合器的结构和滚柱斜槽式的结构基本相似,也有外圈、内圈、楔块等,如图 3-7-5 所示。不同之处在于,它的外圈或内圈上都没有楔形槽,其滚子不是圆柱形的,而是特殊形状的楔块。楔块在 A 方向上的尺寸略大于内外圈之间的距离 B,而在 C 方向上的尺寸略小于 B。当外圈相对于内圈朝顺时针方向转动时,楔块在摩擦力的作用下立起,因自锁作用而被卡死在内外圈之间,使内圈与外圈无法相对滑转,此时单向离合器处于锁止状态;当外圈相对于内圈朝逆时针方向旋转时,楔块在摩擦力的作用下倾斜,脱离自锁状态,内圈与外圈可以相对滑动,此时单向离合器处于自由状态。

提示:无论哪一种单向离合器,在装配时均不得装反;否则,会改变其锁止方向,使行星齿轮变速器不能正常工作。

图 3-7-5　楔块式单向离合器

二、实训操作

1.技术标准与要求

A341E 型自动变速器的离合器、制动器技术规范,见表 3-7-1。

项目三　自动变速器的检修

技　术　规　范　　　　　　　　　　　　　　表 3-7-1

离合器的名称	代号	摩擦片/钢片	弹簧自由长度标准(mm)	自由间隙(mm)
超速离合器	C_0	2/2	15.8	1.45～1.70
前进离合器	C_1	6/7	28.6	0.7～1.00
高、倒挡离合器	C_2	4/5	24.35	1.37～1.60
超速制动器	B_0	5/6	17.23	1.85～2.05
二挡强制制动器	B_1	40(宽度)	24.35	2.0～3.0
二挡强制制动器	B_2	5/6	19.64	0.63～1.98
低、倒挡制动器	B_3	7/8	12.9	0.7～1.22

2. 工具、设备和材料的准备

丰田 A341E 型自动变速器，专用、常用工具，厚薄规、空气压缩机等。

3. 作业前的准备

清洁场地、设备等，检查工具是否完好。

4. 检修离合器

按下列项目，对丰田 A341E 型自动变速器的三个离合器进行检修。

(1) 检查离合器的摩擦片，如有烧焦、表面粉末冶金层脱落或翘曲变形，应更换。许多自动变速器的摩擦片表面上印有符号，若这些符号已被磨去，说明摩擦片已磨损至极限，应更换。也可以测量摩擦片的厚度，若小于极限厚度，则应更换。

(2) 检查钢片，如有磨损或翘曲变形，应更换。

(3) 检查离合器的活塞，其表面应无损伤或拉毛；否则，应更换新件。

(4) 检查离合器活塞上的止回阀，其球阀应能在阀座内活动自如，用压缩空气或煤油检查止回阀的密封性，如图 3-7-6 所示，从液压缸一侧向止回阀内吹气，密封应良好，如有异常，应更换活塞。

(5) 检查离合器鼓，其液压缸内表面应无损伤或拉毛，与钢片配合的花键槽应无磨损。如有异常，应更换新件。

(6) 测量活塞复位弹簧的自由长度，并与标准值对比。若弹簧自由长度过小或有变形，应更换新弹簧。

(7) 更换所有离合器液压缸活塞上的 O 形密封圈及轴颈上的密封环。新的密封圈或密封环应涂上少许液压油后装入。

(8) 装配后，用厚薄规或千分表测量离合器的自由间隙，如图 3-7-7 所示，若自由间隙不符合标准,用压盘调整。

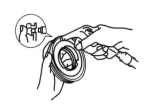  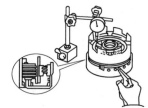

图 3-7-6　检查离合器活塞上的止回阀　　图 3-7-7　检查离合器自由间隙

5. 检修制动器

按下列项目,对丰田 A341E 型自动变速器的三个片式制动器、一个带式制动器进行检修。

片式制动器参看片式离合器的检修方法。带式制动器按下列方法检修。

图 3-7-8　制动带的外观检查

（1）制动带的外观检查。外观如有烧焦、表面粉末冶金层脱落、磨损不均匀、硬化或变色、打印数字的部分表面磨损,只要出现上述现象中的任何一项,必须更换,如图 3-7-8 所示。在检查制动带时,不要将制动带反折,以防止制动带变形。

（2）检查制动器伺服机构部件有无磨损和划痕,检查制动器的活塞,其表面应无损伤或拉毛,其液压缸内表面应无损伤或拉毛,如有异常,应更换新件。

（3）检查制动带表面的含油能力。擦净制动带摩擦片上的油,然后用手指轻压制动带摩擦片,应有油渗出,如轻压后无油渗出,说明制动带摩擦片表面含油能力下降,应更换;否则,易烧蚀和造成制动鼓干磨。拆检修理带式制动器时,不要将制动带随意展平或叠压,以免造成摩擦表面的裂纹剥落等,不要将制动带随意弯曲或扭转,以免造成制动带变形,安装时不能复位,使配合间隙发生变化,造成制动器工作不良。

（4）检查制动鼓。检查制动鼓表面是否磨损严重,是否有烧蚀;如磨损严重或有烧蚀,应更换制动鼓。

（5）检查调整自由间隙。安装制动带时,一定要检查自由间隙。间隙过小会造成换挡冲击以及摩擦片和制动鼓之间分离不彻底,间隙过大易造成制动带打滑。因此,间隙的调整在检修制动器重新安装时是十分必要的,调整时可将调整螺钉松开,先使制动带完全抱死,然后将调整螺钉退回 1.5~2.5 圈锁死。对倒挡制动带,因油压较高,制动带与制动鼓的间隙应稍大些,一般是拧紧后将调整螺钉退回 5 圈锁死。

(6)组装后检查活塞杆行程。可用 400~800kPa 的气压向伺服缸内施压,用专用工具测量活塞杆行程,标准值为 2.0~3.0mm。如果测量值不在规定范围,选择相应的活塞杆长度。活塞杆有四种不同长度:70.7mm、71.4mm、72.2mm 和 72.9mm。

提示:离合器或制动器的摩擦片更换新片时,新片应在安装前在 ATF 油中浸泡 1h 或以上,使用旧的摩擦片时,应在 ATF 油中浸泡 15min 或以上。制动带也相同。

6. 检修单向离合器

按下列项目,对丰田 A341E 型自动变速器的三个单向离合器进行检修。

(1)检查外观:保持架是否变形、拉伤,有无卡滞或无锁止现象;如有,进行更换。

(2)检查锁止方向(图 3-7-9)。

a)单向离合器 F_0　　　　b)单向离合器 F_1　　　　c)单向离合器 F_2

图 3-7-9　单向离合器锁止方向检查

三、评价与反馈

班　级		姓　名		学　号		日　期	

课题七　换挡执行元件的检修

一、相关知识

1. 换挡执行元件的作用:

2. 换挡执行元件的分类:

续上表

二、操作内容

请根据你所检查的实际情况填写以下内容。

1. 离合器的检测：

(1) 离合器的摩擦片表面_____。

(2) 钢片表面_____。

(3) 离合器的活塞表面_____。

(4) 离合器活塞上的止回阀、球阀在阀座内的活动情况_____。

2. 制动器的检测：

(1) 制动带的外观_____。

(2) 制动器伺服机构部件_____。

三、评价反馈

1. 学生自我评价该课题的完成情况：

2. 学生建议（含对教师的评价、要求及教学建议等）：

| 成绩评定 | | 教师 | |

知识拓展

1. 有的离合器或制动器的液压缸内装有内外两个活塞，即内活塞和外活塞。两个活塞可对同一个离合器或制动器加压，但两个活塞腔互不相同，两个活塞可以分别动作，也可以同时动作。其工作示意图如 3-7-10 所示。试分析图中三种不同的工作状态。

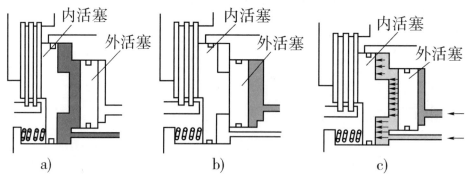

图 3-7-10 离合器或制动器工作示意图

项目三　自动变速器的检修

2.离合器、制动器自由间隙大小确定的依据是什么？过大或过小会使变速器发生什么故障现象？

课 题 八　行星齿轮机构的检修

学习目标

完成本课题学习后，你应能：
1.叙述丰田 A341E 型自动变速器的结构组成和特点；
2.分析丰田 A341E 型自动变速器的各挡动力传递路线；
3.查阅维修手册，规范检修行星齿轮机构；
4.分析其他类型变速器的结构和各挡动力传递路线。

建议课时

4 课时。

学习任务（情境）描述

一辆装备 A341E 型自动变速器的轿车，既不能在变速杆位于 D 位下行驶（以下简称在 D 位下行驶，其余类推），又不能在 R 位下行驶。检查时发现油面低于油尺下限线。在加足油后试车表明，该乘用车只能在 R 位下行驶，而不能在 D 位下行驶。通过对油质的检查判断，离合器摩擦片已烧损。需要你对车辆自动变速器进行拆装检查，确定故障部位并进行修理。

学习内容

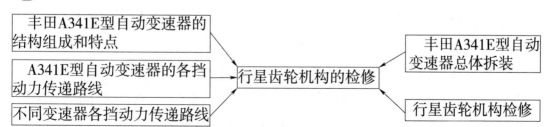

一、资料收集

1. 行星齿轮机构的作用

可形成不同的传动比,组合成自动变速器不同挡位。

2. 丰田 A341E 型自动变速器行星齿轮机构的特点

丰田 A341E 型自动变速器是日本丰田公司生产的用于后轮驱动的四速电控自动变速器,其传动部分主要由三个行星排(超速行星排、前行星排、后行星排)和 10 个换挡执行元件组成。其结构特点是:超速排行星架和输入轴为一体,输入动力;前后排公用太阳轮,前行星架与后齿圈通过花键孔与输出轴相连,作为动力输出元件。

3. A341E 型自动变速器传动部分各组成的连接关系

(1)超速排行星架和输入轴为一体,是超速排的主动件,输入动力;超速排齿圈通过花键孔和前排连接,是超速排的从动件。超速离合器 C_0 连接超速排太阳轮和行星架,形成超速排的直接挡;超速制动器 B_0 制动超速排太阳轮,形成超速排的超速挡;超速单向离合器 F_0 与超速离合器 C_0 并列布置,使超速行星排的行星架能在逆时针方向上对太阳轮产生锁止作用。在发动机刚起动并带动自动变速器输入轴转动时,它使超速行星排的太阳轮和行星架锁止为一个整体,防止超速离合器 C_0 的摩擦片在半接合状态下打滑。单向离合器 F_0 的另一个作用是改善 3 挡升至超速挡的换挡平顺性。

(2)前行星排齿圈通过前进离合器 C_1 和超速排齿圈连接,当前进离合器 C_1 起作用时,前排齿圈是主动件,输入动力;公共太阳轮通过高、倒离合器 C_2 和超速排齿圈连接,当高、倒离合器 C_2 起作用时,公共太阳轮是主动件,输入动力;前排行星架通过花键孔和输出轴连接,输出动力。

(3)后排齿圈通过花键孔和输出轴连接,输出动力;后行星架是被约束元件。

(4)丰田 A341E 型自动变速器各换挡执行元件的代号、名称、作用如表 3-8-1 所示。

通过上述连接关系分析,丰田 A341E 自动变速器的动力传动简图如图 3-8-1 所示。

4. 丰田 A341E 型自动变速器各挡是如何传递动力的

各种辛普森式四速行星齿轮变速器的工作情况大同小异。当换挡杆处于不同位置时,A341E 型电控四速自动变速器各换挡执行元件的工作情况如表 3-8-2 所示。

丰田 A341E 自动变速器各换挡执行元件的代号、名称、作用　　表 3-8-1

零部件名称		作　用
C_0	超速离合器	连接超速排太阳轮和超速排行星架,形成 D_1、D_2、D_3 挡,2 位挡,L 位挡及倒挡
C_1	前进离合器	连接超速排齿圈和前排齿圈,形成 D 位挡、2 位挡,L 位挡
C_2	高、倒挡离合器	连接超速排齿圈和公共太阳轮,形成 D_3、D_4 挡及倒挡
B_0	超速制动器	制动超速太阳轮,形成 D_4 挡
B_1	2 挡强制制动器	制动公共太阳轮,形成 2-2 挡
B_2	2 挡制动器	与 F_1 配合,防止公共太阳轮逆转,形成 D_2 挡
B_3	低、倒挡制动器	制动后行星架,形成 L 位挡及倒挡
F_0	超速单向离合器	在发动机刚起动带动自动变速器输入轴转动时,使超速排太阳轮与行星架锁止为一个整体,形成 D_1、D_2、D_3 挡,2 位挡,L 位挡及倒挡
F_1	1 号单向离合器	与 B_1 配合,防止公共太阳轮逆转,形成 D_2 挡
F_2	2 号单向离合器	防止后行星架逆转,形成 D_1 挡

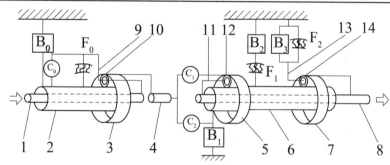

图 3-8-1　丰田 A341E 自动变速器结构简图

1-超速排输入轴;2-超速排太阳轮;3-超速排齿圈;4-输入轴;5-前排齿圈;6-公共太阳轮;7-后排齿圈;8-输出轴;9-超速排行星架;10-超速排行星齿轮;11-前排行星架;12-前排行星齿轮;13-后行星架;14-后排行星轮

A341E 型电控四速自动变速器各换挡执行元件的工作情况　　表 3-8-2

挡位	C_0	B_0	F_0	C_2	C_1	B_1	B_2	B_3	F_1	F_2	1 号电磁阀	2 号电磁阀
P	○		○								接通	关断
R	○		●	○				○			接通	关断

续上表

挡位		C_0	B_0	F_0	C_2	C_1	B_1	B_2	B_3	F_1	F_2	1号电磁阀	2号电磁阀
N		○										接通	关断
D	1	○		●		○					●	接通	关断
D	2	○		●		○	○			●		接通	接通
D	3	○		●	○	○		⊙				关断	接通
D	OD		○									关断	关断
2	3*	○		●	○	○		⊙				关断	接通
2	2	○		●		○	○	○		●		接通	接通
2	1	○		●		○					●	接通	关断
L	2*	○		●		○	○	○		●		接通	接通
L	1	○		●		○			○		●	接通	关断

注：○表示接合；●表示发动机制动时解锁；⊙表示接合但不传递动力；*表示只能从高挡位降挡而不能升挡。

1) D 位 1 挡

当换挡杆拨到 D 位置时，如果发动机负荷很小或行驶阻力很大，电子控制系统和液压控制系统将自动接通 1 挡控制油路，使换挡执行元件 C_0、F_0、C_1、F_2 投入工作，前后两个行星排均参加工作，行星齿轮机构所承受的负荷被分为两部分，避免过载，动力传递路线如下图 3-8-2 所示。

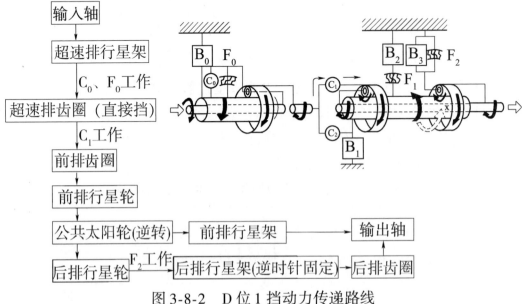

图 3-8-2　D 位 1 挡动力传递路线

2) D 位 2 挡

当换挡杆拨到 D 位置时,如果发动机负荷增大或行驶阻力减小,电子控制系统和液压控制系统将自动接通 2 挡控制油路,使换挡执行元件 C_0、F_0、C_1、B_2、F_1 工作。前行星架将动力传递到与其连成一体的输出轴。后行星排无固定元件,在输出轴带动下处于空转状态,动力传递路线如图 3-8-3 所示。

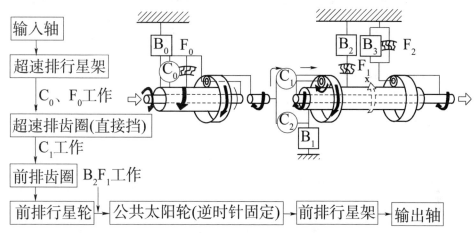

图 3-8-3　D 位 2 挡动力传递路线

3) D 位 3 挡

当换挡杆拨到 D 位置时,如果发动机负荷较大或行驶阻力减小,电子控制系统和液压控制系统将自动接通 3 挡控制油路,使换挡执行元件 C_0、F_0、C_1、C_2、B_2 工作,动力传递路线如图 3-8-4 所示。

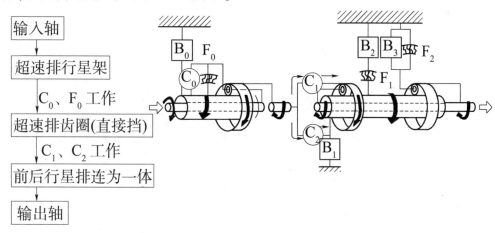

图 3-8-4　D 位 3 挡动力传递路线

4) D 位 4 挡(超速挡)

当换挡杆拨到 D 位置时,如果发动机负荷很大或行驶阻力很小,电子控制系统和液压控制系统将自动接通超速挡控制油路,使换挡执行元件 B_0、C_1、C_2、B_2 投入工作,动力传递路线如图3-8-5所示。

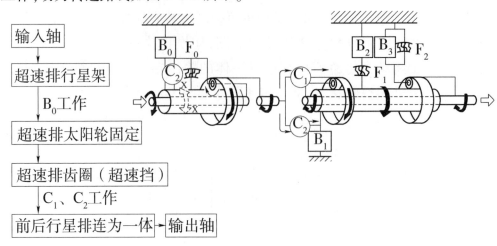

图 3-8-5　D 位 4 挡动力传递路线

提示：D_3、D_4 挡时为什么制动器 B_2 接合？D_3 挡时,制动器 B_2 虽然接合,但不传递动力,也不妨碍动力传递,为简化液压控制系统,在 D_2 挡位制动器 B_2 接合的基础上升入 D_3 挡位后不再单独设置制动器 B_2 的泄油路,同时使换挡平顺。D_4 挡位制动器 B_2 的工作情况与此相同。

5) R 位（倒挡）

当换挡杆拨到 R 位置时,在电子控制系统和液压控制系统的控制下,接通倒挡制动油路,换挡执行元件 C_0、F_0、C_2、B_3 工作。动力传递路线如图 3-8-6 所示。

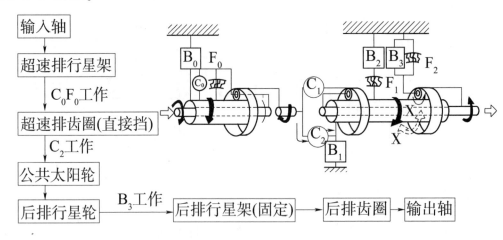

图 3-8-6　R 位动力传递路线

6) P、N 挡

当换挡杆拨到 P 或 N 位置时,在电子控制系统和液压控制系统的控制下,超

速离合器 C_0 由于油路接通而接合,将超速行星排联锁成一体,其他换挡元件均不工作。变速器处于空挡。但是,处于 P 位置时停车锁止机构工作,将输出轴锁止而不能转动,汽车不能移动。

7) 2 位 2 挡

换挡杆的"2"位是锁定挡位,只允许在 1、2 挡之间自动变速。变速器在 2 位 1 挡工作情况与 D 位 1 挡完全相同,故不赘叙。当变速器工作在 2 位 2 挡且减速运动(例如汽车下坡行驶)时,输出轴带动发动机旋转,电子控制系统和液压控制系统将自动接通高速发动机制动挡油路,使换挡执行元件 C_0、C_1、B_1 工作,动力传递路线如图 3-8-7 所示。

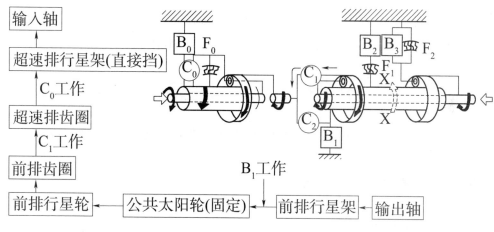

图 3-8-7 2 位 2 挡动力传递线路

提示:当发动机处于减速状态运转(例如汽车下坡行驶)时,发动机被变速器带动旋转,变速传动系统输出轴在惯性力作用下,其转速将高于发动机曲轴转速。此时输出轴将带动发动机转动,利用发动机消耗传动系统的动能来使汽车减速,即实现发动机制动。

8) L 位 1 挡

当换挡杆拨到 L 位置时,变速器只能锁定 1 挡工作。当发动机驱动变速器输出轴转动(例如汽车上坡行驶)时,变速器工作情况与 D 位 1 挡相同,故不赘叙。

当发动机处于减速状态运转(例如汽车下坡行驶)时,此时输出轴将带动发动机转动,利用发动机消耗传动系统的动能来使汽车减速,即实现发动机制动。电子控制系统和液压控制系统将自动接通低速发动机制动挡油路,使换挡执行元件 C_0、C_1、B_3 工作,动力传递路线如图 3-8-8 所示。

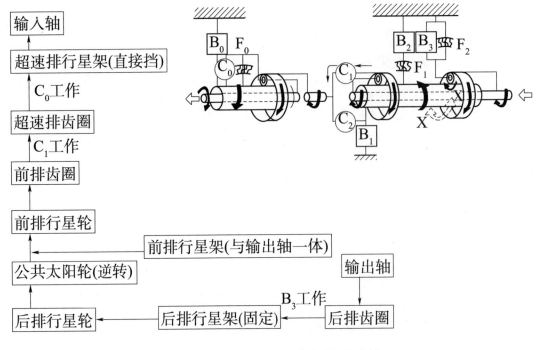

图 3-8-8　L 位 1 挡动力传递路线

二、实训操作

1. 技术标准与要求

超速挡离合器鼓衬套的最大内径为 27.11mm；超速挡行星架衬套的最大内径为 11.27mm。

行星轮与行星架之间的止推间隙为 0.20～0.60mm，极限值为 1.00mm。

前齿圈衬套内径为 24.08mm；公共太阳轮衬套内径为 27.08mm。

2. 工具、设备和材料的准备

丰田 A341E 型自动变速器行星齿轮机构部件、常用、专用工具等。

3. 作业前的准备

清洁场地、零件，清点工具。

4. 丰田 A341E 型自动变速器总体拆装

(1) 查阅维修手册，以小组为单位规范拆装。

(2) 认识结构，如图 3-8-9、图 3-8-10 所示。

(3) 认识轴承规格、位置和方向，见表 3-8-3 和图 3-8-11。

项目三 自动变速器的检修

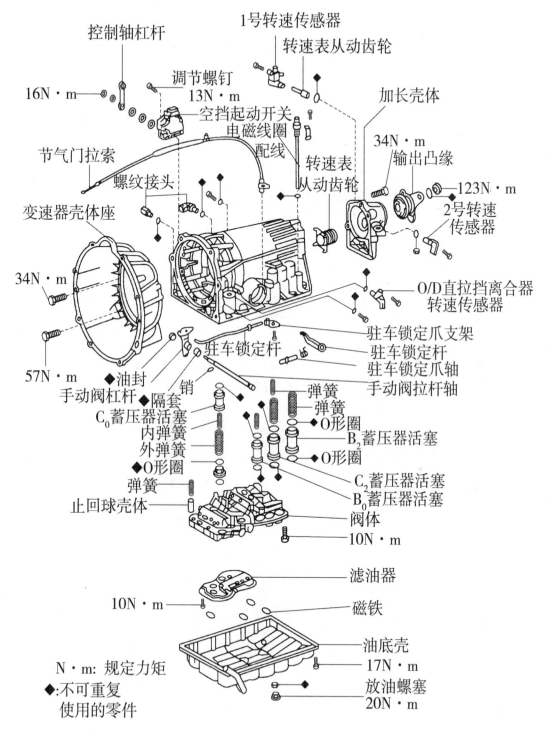

图 3-8-9 结构图(1)

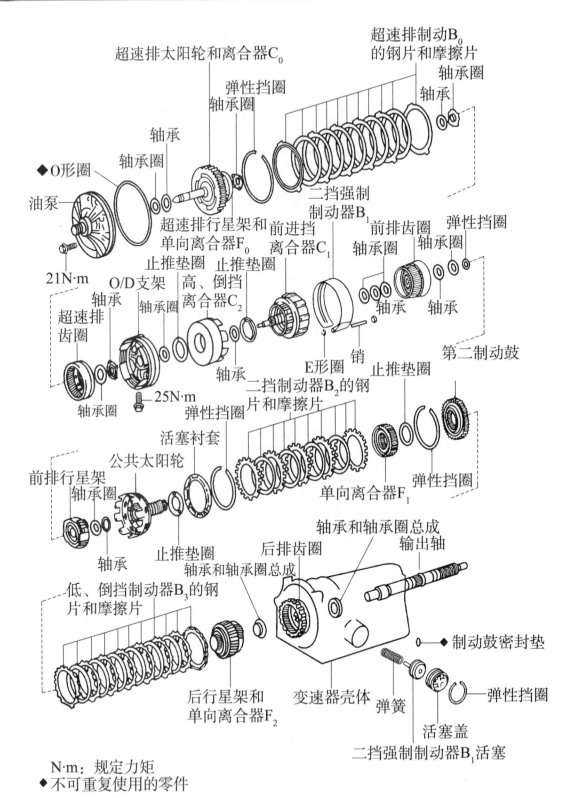

图 3-8-10　丰田 A341E 型自动变速器结构图(2)

轴承位置	前轴承座圈(mm)		推力轴承(mm)		后轴承座圈(mm)	
	内径	外径	内径	外径	内径	外径
A（油泵和 C_0 之间）	28.1	47.2	28.9 组合轴承	50.2		
B（超速行星架和超速齿圈之间）	27.3	41.8	26	46.8	24.2	47.8
C（超速齿圈和 OD 支架之间）	37.1	58.9	33.5 组合轴承	50.1		
D（OD 支架和 C1 之间）	36.7	50.8	33.7 组合轴承	47.8		
E（离合器 C1 和前齿圈之间）	26.1	48.7	26	46.8	26.7	46.8
F（前齿圈和前行星架之间）			35 组合轴承	53.6	34.2	47.7
G（前行星架和公共太阳轮之间）	33.6	47.5	35.5	47.8		
H（公共太阳轮和后齿圈之间）	28.9	44.7	30.1	44.7	27.8	44.7
I（后齿圈和壳体之间）			39.1 组合轴承	57.5		

轴承规格表　　　　　　　　表 3-8-3

5. 行星齿轮机构的检修

（1）检查太阳轮、行星齿轮、齿圈的齿面，如有磨损或疲劳剥落，应更换整个行星排。

（2）检查行星齿轮与行星架之间的间隙，如图 3-8-12 所示，其标准间隙为 0.2～0.6mm，最大不得超过 1.0mm；否则，应更换止推垫片或行星架和行星齿轮组件。

（3）检查太阳轮、行星架、齿圈等零件的轴颈或滑动轴承处有无磨损（图 3-8-13），如有异常，应更换新件。

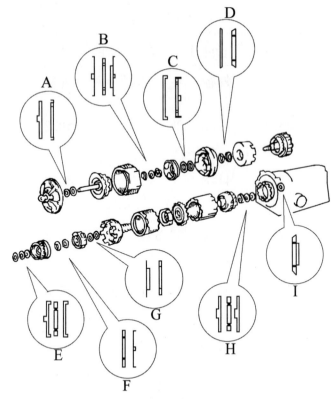

图 3-8-11　轴承位置和方向图

图 3-8-12　检查行星齿轮与行星架之间的间隙

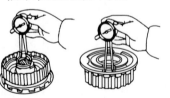

图 3-8-13　检查太阳轮、行星架、齿圈的磨损情况

三、评价与反馈

班　级	姓　名	学　号	日　期

课题八　行星齿轮机构的检修

一、相关知识

1. 丰田 A341E 型自动变速器行星齿轮机构的特点：

续上表

2. 丰田 A341E 型自动变速器传动部分各组成的连接关系：

3. 丰田 A341E 型自动变速器的 D_3、D_4 挡为什么要使用制动器 B_2？

二、操作内容

请根据你所检查的实际情况填写以下内容。

1. 检查太阳轮、行星齿轮、齿圈的齿面，是否有磨损或疲劳剥落。
2. 检查行星齿轮与行星架之间的间隙，为_____ mm，标准为_____ mm。
3. 检查太阳轮、行星架、齿圈等零件的轴颈或滑动轴承处有无磨损。
4. 单向离合器 F_0、F_1、F_2 安装方向错误，变速器分别有什么故障现象？

三、评价反馈

1. 学生自我评价该课题的完成情况：

2. 学生建议(含对教师的评价、要求及教学建议等)：

| 成绩评定 | | 教师 | |

知识拓展

1. 下面是大众 01N 自动变速器的动力传递路线图(图 3-8-14)和换挡执行元件工作表(表 3-8-4)，请分析各挡动力传递路线。

01N 自动变速器在不挡位时换挡执行元件的工作情况　　表 3-8-4

换挡杆位置	挡位	K_1（1、3挡离合器）	K_2（直接、倒挡离合器）	K_3（高挡离合器）	B_1（低、倒挡制动器）	B_2（2、4挡制动器）	F_1（1挡单向离合器）
D	1	○					○
D	2	○				○	
D	3	○	○	○			
D	4			○		○	
3	1	○					○
3	2	○				○	
3	3	○	○	○			
2	1	○					○
2	2	○				○	
L	1	○			○		
R	倒挡		○		○		

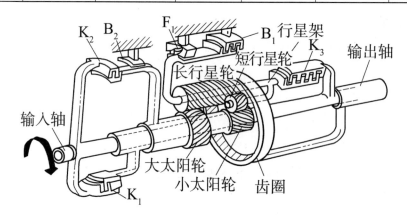

图 3-8-14　大众 01N 自动变速器的动力传递路线图

2. 图 3-8-15 是本田平行轴 MPOA 自动变速器的动力传递路线图和换挡执行元件工作表（表 3-8-5），请分析各挡动力传递路线。

本田平行轴 MPOA 自动变速器换挡执行元件工作表　表 3-8-5

元件\挡位	1挡固定离合器	1挡离合器	单向离合器	2挡离合器	3挡离合器	4挡齿轮	4挡离合器	倒挡齿轮	驻车挡齿轮
P									●
R						●	●		

续上表

元件\挡位	1挡固定离合器	1挡离合器	单向离合器	2挡离合器	3挡离合器	4挡齿轮	4挡离合器	倒挡齿轮	驻车挡齿轮
N									
D$_4$ 1挡		●	●						
D$_4$ 2挡				●					
D$_4$ 3挡					●				
D$_4$ 4挡						●	●		
D$_3$ 1挡		●	●						
D$_3$ 2挡				●					
D$_3$ 3挡					●				
2				●					
1	●								

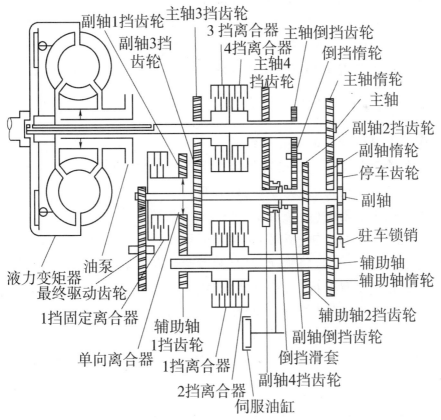

图 3-8-15 本田平行轴 MPOA 自动变速器的动力传递路线图

项目四　传动轴及驱动桥的检修

📝 项目描述

在车辆的底盘动力传动系统中,发动机将动力经离合器传递到变速器,在动力向驱动轮传递的过程中可分为两种情况:第一种是对于安装变速驱动桥的车辆,动力由变速器直接传递到驱动桥经半轴传递到驱动轮;第二种是先经传动轴(万向传动装置)传递到驱动桥,再经半轴传递到驱动轮。

对于传动轴(前轮驱动的车辆),需经常检查更换防尘罩;后轮驱动的车辆,传动轴也经常会出现抖动的故障现象;驱动桥部分经常会出现漏油、异响、过热等故障现象。为了解决这些关于传动轴、驱动桥的常见故障,我们需要学习并掌握以下理论知识和操作技能。

📚 项目要求

1. 了解车辆传动系的布置形式;
2. 掌握关于等速万向传动及普通万向传动的相关知识;
3. 叙述汽车驱动桥(后轮驱动)的作用;
4. 掌握汽车驱动桥(后轮驱动)的总体结构;
5. 能进行传动轴(前轮驱动)防尘罩的检查和更换;
6. 能进行传动轴(后轮驱动)抖动故障的诊断及零部件检修;
7. 能进行汽车驱动桥(后轮驱动)的检修;
8. 掌握汽车驱动桥(后轮驱动)故障诊断与排除方法;
9. 能正确使用维修工具和设备;
10. 与同学密切合作,规范、安全地更换防尘罩、检修传动轴及驱动桥(后轮驱动)。

项目四 传动轴及驱动桥的检修

课题一 传动轴（前轮驱动）防尘罩的检查和更换

学习目标

完成本课题学习后，你应能：

1. 知道传动系的类型及总体布置形式；
2. 掌握等速万向传动装置结构组成及原理；
3. 按技术要求完成传动轴（前轮驱动）防尘罩检查和更换工作；
4. 按技术要求完成等速万向传动装置的分解、检验、装配工作；
5. 正确使用维修工具和设备；
6. 与同学密切合作，规范、安全地完成传动轴防尘罩的更换。

建议课时

4课时。

学习任务（情境）描述

有一辆丰田卡罗拉轿车，行驶里程为 30 000km，该车低速转向行驶时，底盘部分有异响，特别是当转向盘转到极限位置时，响声更明显，发出连续的"嘎啦、嘎啦"声。需要你对车辆传动轴部分进行检测，确定故障部位并进行修理。

学习内容

一、资料收集

1. 传动系的类型及总体布置形式

我们把汽车发动机与驱动轮之间的动力传递装置称为汽车传动系。汽车传动系的基本功用是将发动机发出的动力按照需要传给驱动轮,并保证汽车正常行驶。

传动系的布置形式主要取决于传动系与发动机在汽车上的相对位置。就目前常见的汽车而言,大致可分为以下 5 种类型。

1)发动机前置前轮驱动

英文缩写为 FF。这种布置形式为微型、普通级和中级轿车所广泛采用。这种布置类型使得发动机、离合器、变速器以及主减速器、差速器等总成连成一体,结构紧凑。与发动机前置后轮驱动相比,车辆的质量可减小 8%。这种布置类型根据发动机装置不同又可分为发动机横置和纵置两种形式,其布置示意如图 4-1-1 和图 4-1-2 所示。

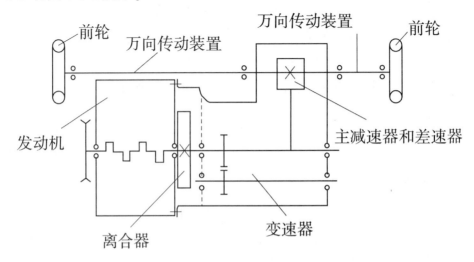

图 4-1-1　发动机前置前轮驱动(横置)示意图

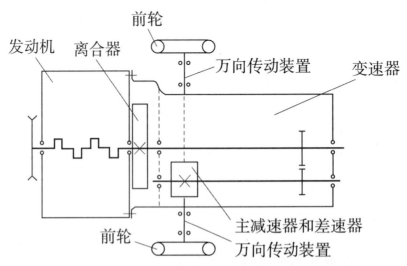

图 4-1-2　发动机前置前轮驱动(纵置)示意图

发动机前置前轮驱动(横置)布置的优点如下：

(1)轴距可缩短 10%。

(2)主减速器的螺旋锥齿轮改为圆柱斜齿轮，降低制造成本。

(3)使汽车具有不足转向特性、较好的转向稳定性以及高速行驶安全性。

其缺点如下：

(1)在湿滑路面尤其是爬坡时，因前轮的附着力减小而使操纵稳定性变坏。

(2)由于后轮的载荷小，即附着力小，汽车制动时后轮易引起抱死侧滑，故要加装制动压力调节装置或装用 ABS 系统。

(3)发动机舱空间布置较拥挤，维修时拆装不方便。

2)发动机前置后轮驱动

英文缩写为 FR。这种布置形式为载货汽车所广泛采用，部分客车以及中高级轿车也常采用，如解放 CA1092、东风 EQ1092、五十铃、丰田皇冠、雷克萨斯、法国标致等车辆都采用这一结构。发动机前置后轮驱动结构布置示意如图 4-1-3 所示。

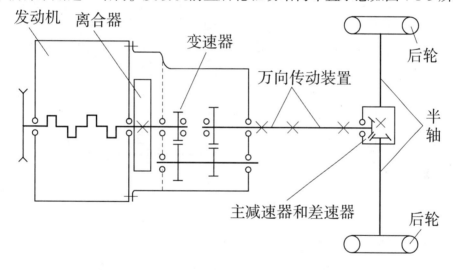

图 4-1-3　发动机前置后轮驱动示意图

这种布置的优点如下：

(1)发动机通风冷却良好，车厢供暖方便。

(2)传动系统以及操纵机构的布置简单。

(3)对于载货汽车，前后轴轴荷分配合理；汽车起步、加速、爬坡时附着性能好，轮胎磨损少。

(4)使汽车转向性能趋于中性稍偏不足转向，具有良好的转向稳定性和操纵灵敏性。

其缺点如下：

(1) 轴距长,传动轴也较长,需分段并采用中间支承。这一方面将使汽车重心偏高,另一方面易引起共振。

(2) 客车采用此布置类型,使车厢的面积利用率降低,车厢内隔热不好、减振困难、噪声大;废气易进入车厢,舒适性差;前悬短,后悬长,使得前车门不易设置,汽车上下坡道易刮擦地面,所以现代客车的传动系已逐步改用发动机后置或中置后轮驱动形式。

3) 发动机后置后轮驱动

英文缩写为 RR。这种布置形式为客车所广泛采用,如上饶客车、北方大客、桂林大宇等客车均采用此结构。其结构布置示意如图 4-1-4 所示。

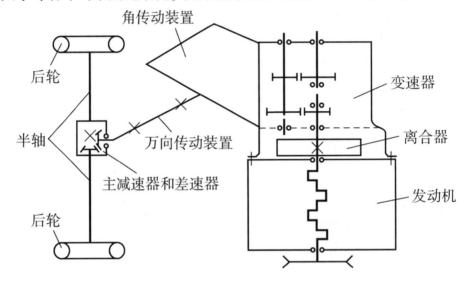

图 4-1-4　发动机后置后轮驱动示意图

这种布置的优点如下:

(1) 前轴载荷减小,转向轻便。

(2) 发动机和传动系的热量、尾气、振动、噪声对车厢的影响小。

(3) 车厢面积利用率高。

其缺点如下:

(1) 发动机通风散热差,易过热。

(2) 对发动机和离合器、变速器等总成的远距离操纵较困难。

4) 发动机中置后轮驱动

英文缩写为 MR。这种布置形式主要用于客车。其结构特点和发动机后置后轮驱动相似,总体上来看比后置后轮驱动差,故这一结构形式在客车上应用也不多。

5) 发动机前置全轮驱动

四轮汽车的全轮驱动形式英文缩写为 4WD。这种布置形式为越野车和部分工程车辆所广泛采用,目前一些高档轿车上也有采用这种形式的,如北京吉普、切诺基、三菱吉普以及某些国产军用车辆等的传动系。其结构布置示意图如图 4-1-5 所示。这一布置形式在早期的越野车辆和特种车辆上,其动力传递采用非常接合式全轮驱动,即驾驶员可根据道路情况手动选择全轮驱动或两轮驱动。现代高档轿车上采用的发动机前置全轮驱动方式属于常接合式全轮驱动类型,即车辆在任何情况下行驶,所有车轮都具有驱动能力。目前,这种结构类型还采用计算机控制技术。

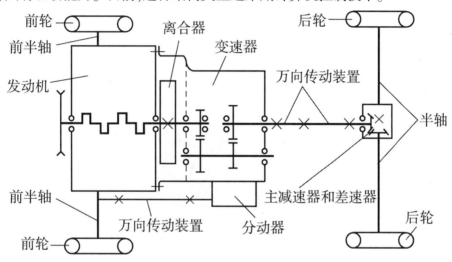

图 4-1-5 发动机前置全轮驱动示意图

全轮驱动的优点如下:

(1)整车车轮与路面的附着力全部被利用,提高了汽车在不良路面的牵引能力和通过性,即对各种路面的适应能力强。

(2)常接合式全轮驱动在湿滑路面上具有更好的驱动能力。低挡加速性好,驱动力不受前后轴荷变化的影响。

(3)车辆行驶稳定性好,对侧向力的敏感性小,轮胎磨损均匀。

其缺点如下:

(1)结构复杂,整车装备质量大(比其他结构增加 6% ~ 10%)。

(2)造价高,油耗高,经济性稍差,汽车的最高车速也有所降低。

2. 等速万向传动装置结构组成及原理

等速万向传动装置多用于发动机前置、前轮驱动汽车,主要由等速万向节、中间轴及驱动轴等组成。

1)等速万向节

目前常见的等速万向节为球叉式万向节和球笼式万向节。等速万向节的基本原理是从结构上保证万向节在工作过程中,其传力点永远位于两轴交点的平分面上。

图 4-1-6 为一对大小相同的锥齿轮传动示意图。两齿轮的接触点 p 位于两齿轮轴线交角的平分面上,由 p 点到两轴的垂直距离都等于 r。在 p 点处两齿轮的圆周速度是相等的,因而两个齿轮旋转的角速度也相等。与此相似,若万向节的传力点在其交角变化时,始终位于角平分面内,则可使两万向节叉保持等角速度关系。

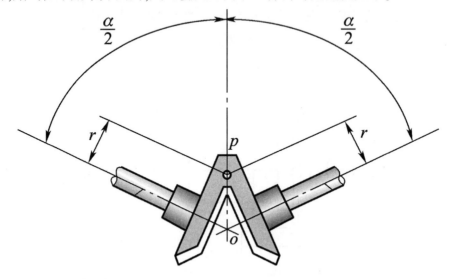

图 4-1-6　等角速万向节的工作原理

(1) 球叉式等速万向节。

球叉式等速万向节的构造如图 4-1-7 所示,由主动叉、从动叉、四个传动钢球和定心钢球组成。其主动叉、从动叉分别与内、外半轴制成一体,叉内各有四条曲面凹槽,装合后,形成两条相交的环槽,作为钢球的滚道,四个传动钢球装在槽中,定心钢球装在两叉中心凹槽内,以定中心。

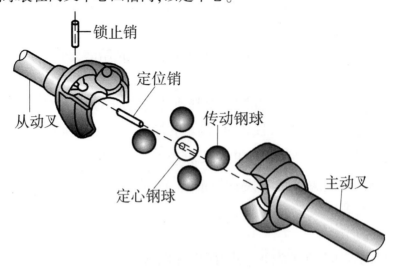

图 4-1-7　球叉式等速万向节的构造

球叉式等速万向节等速传动的原理如图 4-1-8 所示。主、从动叉曲面凹槽的中心线分别为 O_1、O_2 圆心的两个半径相等的圆,且圆心 O_1、O_2 到万向节中心 O 的距离相等($O_1O = OO_2$),这样,无论主、从动叉以任何角度相交,四个钢球只能位于两交叉凹槽的交点处,从而保证所有传动钢球始终位于两轴交角 α 的角平分面上,因而保证了等速传动。

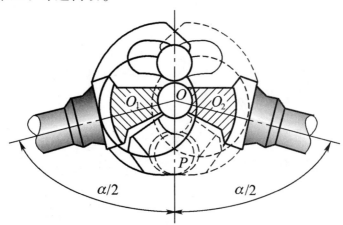

图 4-1-8　球叉式万向节等角速传动原理

球叉式等速万向节结构简单,允许轴间最大交角为 32°~38°,但由于工作时只有两个钢球传力,而另两个钢球在反转时传力,因此钢球与滚道之间的接触压力大,磨损快,影响其使用寿命。所以,球叉式等速万向节通常使用在中、小型越野汽车转向驱动桥上。

(2)球笼式等速万向节。

球笼式等速万向节按其内、外滚道结构不同又分为 RF 型球笼等速万向节、VL 型球笼等速万向节等。

①RF 型球笼万向节如图 4-1-9 所示。它主要由内球座、球笼、外球座及钢球等组成。内球座通过花键与中段半轴相连。内球座的外表面有六条曲面凹槽,形成内滚道。外球座与带外花键的外半轴制成一体,内表面制有相应的六条曲面凹槽,形成外滚道。六个钢球分别装于六条凹槽中,并用球笼使之保持在一个平面内。

②VL 型球笼等速万向节又称为伸缩型等速万向节,如图 4-1-10 所示,其内、外滚道为圆筒形,且内、外滚道不与轴线平行,而是以相同的角度相对于轴线倾斜着。装合后,同一周向位置内、外滚道的倾斜方向刚好相反,即对称交叉,而钢球则处于内外滚道的交叉部位。当内半轴与中半轴以任意夹角相交时,所有传动钢球都位于轴间交角的平分面上,从而实现等角速传动。在动力传递过程中,内、外球座可以沿轴向相对移动。因此,采用这种万向节可以省去万向传动装置中的滑动花键。

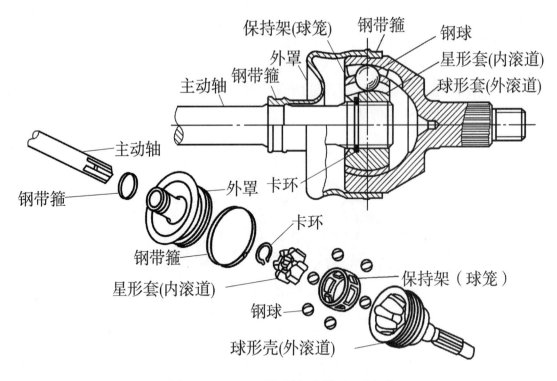

图 4-1-9 RF 型球笼式等速万向节

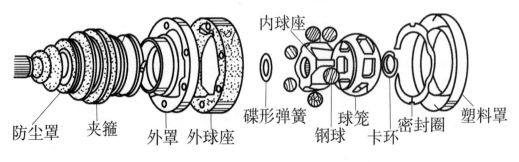

图 4-1-10 VL 型球笼等速万向节

VL 型球笼式万向节允许两轴最大交角为 15°~21°，且具有轴向滑动的特性，寿命长、刚度高，不但满足了车轮转向性能的要求，还具有结构简单、尺寸小、质量轻等优点。

球笼式万向节等角速传动原理如图 4-1-11 所示，外滚道的中心 A 与内滚道的中心 B 分别位于万向节中心 O 的两边，且与 O 等距离。钢球中心 C 到 A、B 两点的距离也相等。保持架的内外球面、星形套的外球面和球形壳的内球面，均以万向节中心 O 为球心。因此，当两轴交角变化时，保持架可沿内、外球面滑动，以保持钢球在一定位置。钢球到主动轴和从动轴的距离 a 和 b 相等，从而保证了从动轴与主动轴以相等的角速度旋转。

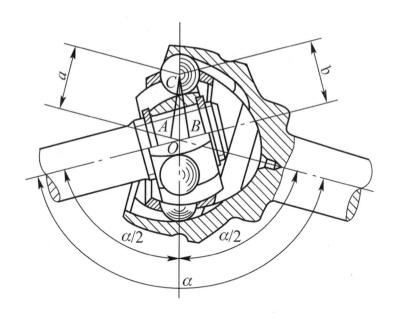

图 4-1-11 球笼式等速万向节的等速传动原理

(3) 三叉式万向节。

广州本田雅阁轿车采用的是三叉式万向节,主要由三销轴总成和万向节套组成。三销轴总成的花键孔与传动轴内端花键配合,3个销轴上均装有轴承,以减少磨损。三叉式等速万向节结构简单,磨损小,并且可以轴向伸缩,在轿车中的应用也逐渐增多。

2) 中间轴

中间轴通过两个万向节分别与差速器及驱动轴连接,其结构如图 4-1-12 所示。

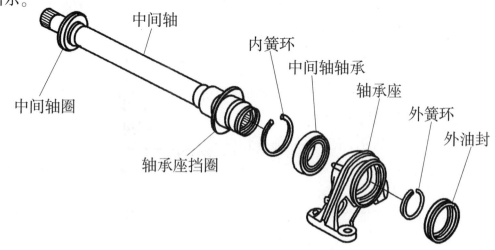

图 4-1-12 中间轴的结构

3）驱动轴

驱动轴将来自中间轴的动力传给驱动盘,其连接关系如图 4-1-13 所示。

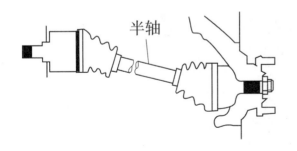

图 4-1-13　驱动轴的连接关系

二、实训操作

(一)事前准备

1.收集资料,确定修理方案

依据维修手册及生产实际,需对传动轴(左右半轴)进行解体检查,更换损伤部件及一次性零件,如防尘罩、卡簧等。

2.整理工位,准备机具、工具、量具及设备

(1)汽车进入工位前,将工位清理干净,准备好相关的器材。

(2)将汽车停驻在举升机中央位置。

(3)拉紧驻车制动器操纵杆。

(4)套上转向盘护套、变速杆手柄套和座椅套,铺设脚垫。

(5)在车内拉动发动机舱盖手柄,在车外打开并支撑发动机舱盖。

(6)粘贴翼子板和前机盖磁力护裙。

(二)作业内容

以丰田卡罗拉 1.6L 手动传动桥为例,执行左边半轴的拆装检修,更换防尘罩的作业(注:右边的作业内容和左边基本相同)。

1.拆卸左传动轴(半轴)

(1)拆卸前轮;发动机 1 号底罩;拆卸发动机后部左、右侧底罩。

(2)排净手动传动桥油。

(3)如图 4-1-14 所示,依次拆卸前桥轮毂螺母、前稳定杆连杆总成、前轮转速传感器、前挠性软管、左前盘式制动器制动钳总成、前制动盘、横拉杆接头分总成、前悬架下臂、前桥总成。

(4)拆卸前桥左半轴总成。如图 4-1-15 所示,使用专用工具 SST,拆下前桥左半轴。

(5)前桥左右半轴总成如图 4-1-16 所示。

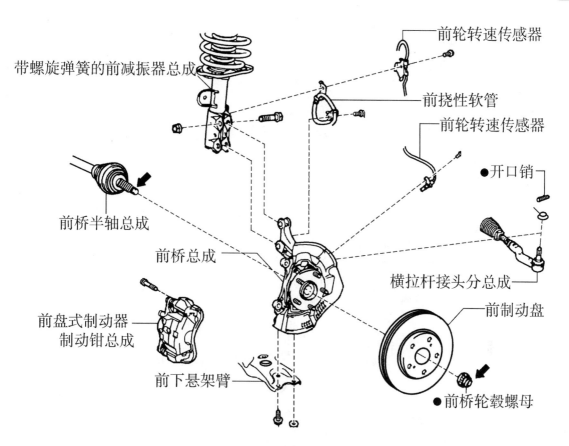

图 4-1-14　前悬架结构组成

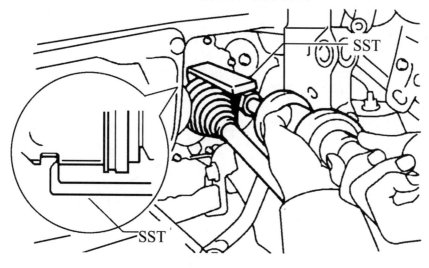

图 4-1-15　前桥左半轴

2. 拆卸

按图 4-1-17、图 4-1-18 所示,拆卸内外两侧左半轴总成。

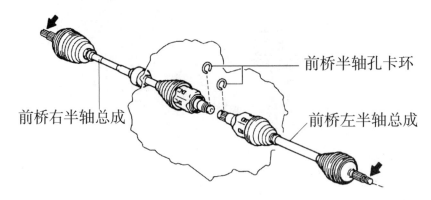

图 4-1-16　前桥左右半轴总成

图 4-1-17　前桥左半轴内侧结构图

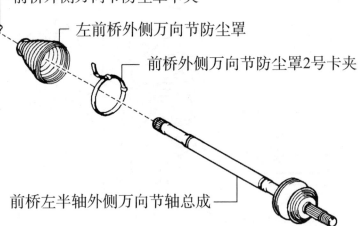

图 4-1-18　前桥左半轴外侧结构图

(1) 拆卸前桥外侧万向节防尘罩卡夹：如图 4-1-19 所示，用螺丝刀松开防尘套卡夹的锁紧部件并分离防尘套卡夹。

(2) 分离前桥内侧万向节防尘套：将内侧万向节防尘套从内侧万向节密封垫

上分离。

(3)拆卸前桥左半轴内侧万向节总成:清除内侧万向节上的所有旧润滑脂;在内侧万向节和外侧万向节轴上做好装配标记,如图 4-1-20 所示。

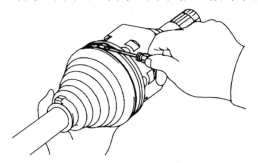
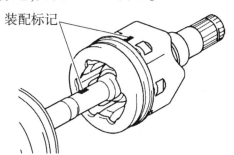

图 4-1-19　分离防尘套卡夹　　　　图 4-1-20　装配标记

(4)将内侧万向节从外侧万向节轴上拆下。

(5)如图 4-1-21 在台钳上的两个铝板夹住外侧万向节轴,使用卡环扩张器,拆下轴卡环。

(6)在外侧万向节轴和三销架上设置装配标记。用铜棒和锤子从外侧万向节轴上敲出三销架,如图 4-1-22 所示。

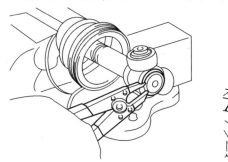

图 4-1-21　拆卸轴卡环　　　　图 4-1-22　拆卸三销架

(7)拆卸前桥内侧万向节密封垫:将内侧万向节密封垫从内侧万向节上拆下。

(8)拆卸前桥内侧万向节防尘套:拆下内侧万向节防尘套、内侧万向节防尘套 2 号卡夹和内侧万向节防尘套卡夹。

(9)拆卸前桥外侧万向节防尘套卡夹;拆卸左前桥外侧万向节防尘套:从外侧万向节轴上拆下外侧万向节防尘套;清除外侧万向节上的所有旧润滑脂。

(10)拆卸前桥左半轴孔卡环:用螺丝刀拆下孔卡环,如图 4-1-23 所示。

(11)拆卸前桥左半轴防尘罩:如图 4-1-24 所示,使用专用工具 SST 和压力机,压出半轴防尘罩。

3.检查前桥半轴(图 4-1-25)

(1)检查并确定外侧万向节在径向上没有过大间隙。

(2)检查并确定内侧万向节在止推方向上滑动顺畅。

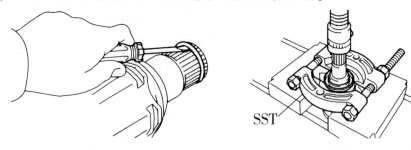

图 4-1-23 拆下孔卡环　　　图 4-1-24 压出半轴防尘罩

(3)检查并确定内侧万向节在径向上没有过大间隙。

(4)检查防尘套是否损坏。

注意:在检查过程中保持驱动轴总成水平。

提示:尺寸 A 的值(图 4-1-26),1ZR-FE 左侧为 587.6mm,右侧为 590.9mm;2ZR-FE 左侧为 867.6mm;右侧为 870.9mm。

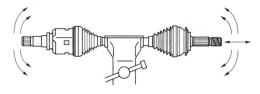

图 4-1-25 检查前桥半轴　　　图 4-1-26 检查半轴长度

4.重新装配

(1)安装前桥左半轴防尘罩:如图 4-1-27 所示使用专用工具 SST 和压力机,压进一个新的半轴防尘罩。

注意:防尘罩应完全安装到位;注意不要损坏防尘罩。

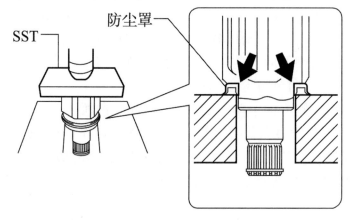

图 4-1-27 安装防尘罩

(2)安装一个新的前桥左半轴孔卡环。

(3)安装左前桥外侧万向节防尘套(左侧):用保护性胶带缠绕外侧万向节轴的花键。

提示:在安装防尘套之前,请用塑料带缠绕驱动轴的花键,以防防尘套损坏,如图4-1-28所示。

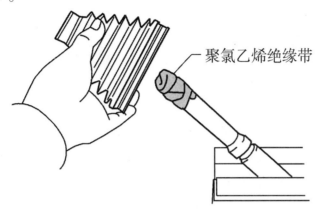

图4-1-28　安装外侧防尘罩

(4)按以下顺序,将新零件安装到外侧万向节轴上:2号外侧万向节防尘套卡夹—外侧万向节防尘套—外侧万向节防尘套卡夹—用防尘套维修组件中的润滑脂涂抹外侧万向节轴和防尘套。标准润滑脂容量:135～145 g。

(5)将外侧万向节防尘套安装在外侧万向节轴槽上。

提示:万向节轴槽里不能有润滑脂。

(6)安装前桥外侧万向节防尘套2号卡夹(左侧):将防尘套卡夹安装到外侧万向节防尘套上并暂时将杆折回。将杆折回前,检查箍带和杆没有变形。

注意:将杆正确地安装至导槽,将卡夹安装至车辆内侧尽可能远处,如图4-1-29所示。

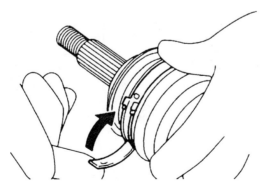

图4-1-29　安装外侧万向节防尘套卡夹

(7)朝工作面按压外侧万向节,同时把身体重量倚靠到手上并向前转动外侧万向节。转动外侧万向节并折叠杆直至听到咔嗒声,图4-1-30所示。

注意：不要损坏导流板；确保外侧万向节与工作面直接接触。

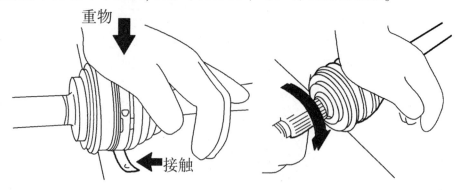

图 4-1-30　安装外侧万向节防尘套

(8) 调整杆和槽之间的间隙以使锁扣边缘和杆端之间的间隙均匀,同时用塑料锤敲击锁扣将其固定,如图 4-1-31 所示。

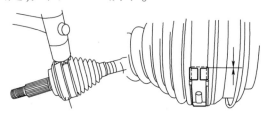

图 4-1-31　安装外侧万向节防尘套

注意：不要损坏外侧万向节防尘套。

(9) 安装前桥外侧万向节防尘套卡夹(左侧)：将防尘套卡夹安装到外侧万向节防尘套上并暂时将杆折回。用水管钳子,捏住防尘套卡夹,暂时将其固定,如图 4-1-32 所示。

注意：将杆正确地安装至导槽。将杆折回前,检查箍带和杆没有变形。

图 4-1-32　安装前桥外侧万向节防尘套卡夹

(10) 调整杆和槽之间的间隙以使锁扣边缘和杆端之间的间隙均匀,同时用塑料锤敲击锁扣将其固定,如图 4-1-33 所示。

(11) 暂时安装前桥内侧万向节防尘套。

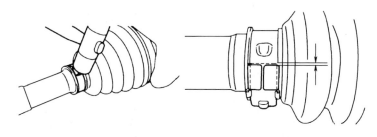

图 4-1-33　调整杆和槽之间的间隙

（12）安装前桥内侧万向节密封垫：将一个新的内侧万向节密封垫安装到内侧万向节槽上。

注意：将内侧万向节密封垫上的凸出部分牢固地安装至内侧万向节槽，如图 4-1-34 所示。

（13）安装前桥左半轴内侧万向节总成：如图 4-1-35 所示，使三销架轴向花键的斜面朝向外侧万向节。在拆卸之前，对准做好的装配标记。用铜棒和锤子，把三销式万向节敲进驱动轴。用防尘套维修组件中的润滑脂涂抹内侧万向节轴。

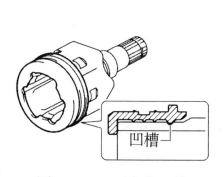

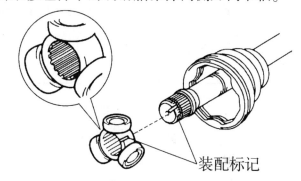

图 4-1-34　万向节凹槽　　图 4-1-35　安装前桥左半轴内侧万向节总成

（14）如图 4-1-36 所示，使用卡环扩张器，安装新的半轴卡环。对准装配标记，将内侧万向节安装至外侧万向节轴。

（15）安装前桥内侧万向节防尘套：将内侧万向节防尘套安装至内侧万向节密封垫和外侧万向节轴的槽中。

（16）安装前桥内侧万向节防尘套卡夹。

5. 安装左侧半轴总成

（1）安装前桥左半轴总成：在内侧万向节轴花键上涂齿轮油。对准轴花键，用铜棒和锤子敲进驱动轴。

注意：使开口侧向下安装卡环。小心不要损坏油封和防尘罩。

（2）安装前桥总成、前悬架下臂、前稳定杆连杆、横拉杆接头分总成、前制动盘、前盘式制动器制动钳总成、前挠性软管、前轮转速传感器。

(3) 安装前桥轮毂螺母：清洁驱动轴上的带螺纹零件和车桥轮毂螺母。安装新的车桥轮毂螺母 (拧紧力矩为216N·m)，用冲子和锤子锁紧前桥轮毂螺母，如图4-1-37所示。

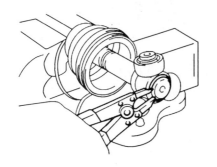 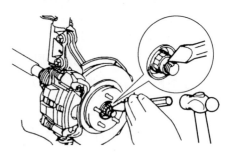

图 4-1-36　安装半轴卡环　　图 4-1-37　锁紧前桥轮毂螺母

(4) 加注并检查手动传动桥油。

(5) 安装前轮，检查并调整前轮定位，检查转速传感器信号。

(6) 安装发动机后部左右侧底罩及1号底罩。

三、评价与反馈

班　级		姓　名		学　号		日　期	

课题一　传动轴(前轮驱动)防尘罩的检查和更换

一、相关知识

1. 传动系的类型及布置形式有哪几种？

2. 简述球笼式等速万向节的结构组成及工作原理。

二、操作内容

1. 请根据你所检查的实际情况填写以下内容。

(1) 检查并确定外侧万向节在径向上没有过大间隙_____；

(2) 检查并确定内侧万向节在止推方向上滑动顺畅：_____；

(3) 检查并确定内侧万向节在径向上没有过大间隙_____；

(4) 检查防尘套是否损坏：_____。

续上表

2.请总结传动轴防尘罩更换的主要注意事项:

三、评价反馈

1.学生自我评价该任务的完成情况:

2.学生建议(含对教师的评价、要求及教学建议等):

成绩评定		教师	

1.请思考:除更换防尘罩外,还有哪些作业项目需要拆下左右半轴?

2.一辆车的外球笼防尘罩经常损坏,车主向你咨询,你如何分析原因并解答?

课题二　传动轴(后轮驱动)抖动故障的诊断与排除

完成本课题学习后,你应能:

1.了解普通万向传动装置的结构组成及工作原理;
2.知道普通万向传动装置的常见故障及其生成机理;
3.按技术要求对普通万向传动装置的零部件进行检修;
4.按技术要求完成普通万向传动装置的拆卸和装配;

5. 正确使用维修工具和设备;

6. 与同学密切合作,规范、安全地检修普通万向传动装置。

建议课时

4课时。

学习任务（情境）描述

有一辆加长东风汽车,行驶里程6 000km,该车高速时出现车身抖动现象,车速达不到设计标准,并且高速行驶时伴随异响。更换主减速器后故障依旧,需要你对车辆传动部分进行检测,确定故障部位并进行修理。

学习内容

```
普通万向传动装置的                    工具和设备的使用
结构组成及工作原理
                   传动轴(后轮驱动)抖动故障
                   下的诊断与排除
普通万向传动装置的                    普通万向传动装置的
故障诊断方法                         拆装及零部件的检修
```

一、资料收集

1. 普通万向传动装置

普通万向传动装置一般应用于发动机前置后轮驱动传动系中,由万向节、中间支承、前传动轴及后传动轴等组成。普通万向传动装置如图4-2-1所示。

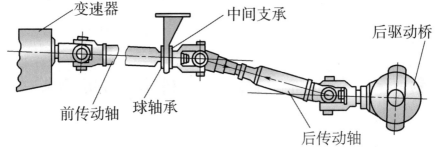

图4-2-1 普通万向传动装置

1)万向节

万向节按其刚度大小,可分为刚性万向节和柔性万向节。刚性万向节按其速度特性可分为如下几种。

(1)不等速万向节:常用的有十字轴式刚性万向节。

(2)准等角速万向节：常用的有双联式、三销式。

(3)等角速万向节：常用的有球叉式、球笼式。

普通万向节又称十字轴式刚性万向节(图4-2-2)，它允许相邻两轴的最大交角为15°~20°，在汽车上应用最广，主要由万向节叉、十字轴及轴承等组成。其结构是两万向节叉上的孔分别套在十字轴的两对轴颈上。当主动轴转动时，从动轴既可随之转动，又可绕十字轴中心在任意方向摆动。为减小摩擦，在十字轴轴颈和万向节叉孔间装有滚针轴承。然后用螺钉和盖将套筒固定在万向节叉上，并用锁片将螺钉锁紧。为了润滑轴承，十字轴制成中空的，并有油路通向轴颈。

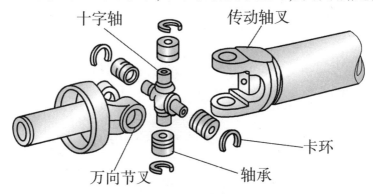

图4-2-2　十字轴式刚性万向节

十字轴式万向节的损坏是以十字轴轴颈和滚针轴承的磨损为标志的，润滑和密封直接影响万向节的使用寿命。

上述刚性万向节可以保证在轴向交角变化时可靠传动，结构简单，并有较高的传动效率，因此在现代汽车上被广泛采用。其缺点是单个万向节在输入轴和输出轴之间有夹角的情况下，其两轴的角速度不相等。

为实现刚性十字轴式万向节的等角速度传动，可按图4-2-3所示，将两个万向节串联安装。

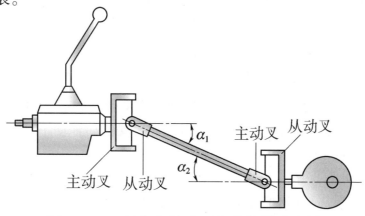

图4-2-3　双十字轴式万向节的等速布置

只要第一万向节的从动叉与第二万向节的主动叉处于同一平面内及输入轴与传动轴间的夹角 a_1 和输出轴与传动轴间的夹角 a_2 相等,经过两个万向节就可以使输出轴和输入轴的角速度相等。

2）传动轴与中间支承

(1) 传动轴。

传动轴是万向传动装置中的主要传力部件。其作用是用来连接变速器和驱动桥,汽车行驶过程中,变速器与驱动桥的相对位置经常变化,为避免运动干涉,传动轴上设有由滑动叉和花键轴组成的滑动花键连接,使传动轴的长度能随传动距离的变化而伸缩,如图4-2-4所示。

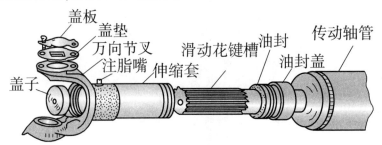

图 4-2-4　传动轴

传动轴在工作过程中处于高速旋转状态,其转速和所传递的转矩都在不断发生变化。为了避免由于离心力引起传动轴的振动,在传动轴和万向节装配后,必须进行平衡试验,以满足动平衡的要求。平衡后在滑动花键部分还制有箭头标记,以便重装时保持二者的相对位置不变。由于万向传动装置中注脂嘴较多,为了加注方便,装配时应保证所有注脂嘴处于同一条直线上,且十字轴上的注脂嘴朝向传动轴。

(2) 中间支承。

传动轴分段时需加中间支承,中间支承(图4-2-5)通常装在车架横梁上,能补偿传动轴轴向和角度方向的安装误差,以及汽车行驶过程中因发动机窜动或车架变形等引起的位移。

2. 普通万向传动装置的故障诊断

万向传动装置由于经常受汽车在复杂道路上行驶的影响,使传动轴在其角度和长度不断变化的情况下传递转矩,因此常出现传动轴动不平衡、万向节与中间支承松旷、发响等故障。

1）传动轴动不平衡

(1) 现象:在万向节和伸缩叉技术状况良好时,汽车行驶中发出周期性的响声;速度越高,响声越大,甚至伴随有车身振动,握转向盘的手感觉麻木。

(2)原因：

①传动轴上的平衡块脱落；

②传动轴弯曲或传动轴管凹陷；

③传动轴管与万向节叉焊接不正或传动轴未进行过动平衡试验和校准；

④伸缩叉安装错位，造成传动轴两端的万向节叉不在同一平面内，不满足等速传动条件。

(3)故障诊断与排除方法：

①检查传动轴管是否凹陷。如有凹陷，则故障由此引起；无凹陷，则继续检查。

②检查传动轴管上的平衡片是否脱落。如脱落，则故障由此引起；否则，继续检查。

③检查伸缩叉安装是否正确。如不正确，则故障由此引起；否则，继续检查。

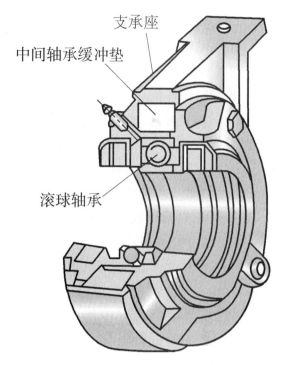

图 4-2-5 中间支承

④拆下传动轴进行动平衡试验。如动不平衡，则应校准以消除故障。弯曲应校直。

2)万向节松旷

(1)现象：在汽车起步或突然改变车速时，传动轴发出"抗"的响声；在汽车缓行时，发出"咣当、咣当"的响声。

(2)原因：

①凸缘盘连接螺栓松动；

②万向节主、从动部分游动角度太大；

③万向节十字轴磨损严重。

(3)故障诊断与排除方法：

①用手锤轻轻敲击各万向节凸缘盘连接处，检查其松紧度。太松旷则故障由连接螺栓松动引起，否则继续检查。

②用双手分别握住万向节主、从动部分转动，检查游动角度。游动角度太大，则故障由此引起。

3)中间支承松旷

(1)现象：汽车运行中出现一种连续的"呜呜"响声，车速越高，响声越大。

(2)原因：

①滚动轴承缺油烧蚀或磨损严重；

②中间支承安装方法不当，造成附加载荷而产生异常磨损；

③橡胶圆环损坏；

④车架变形，造成前后连接部分的轴线在水平面内的投影不同线而产生异常磨损。

(3)故障诊断与排除方法：

①给中间支承轴承加注润滑脂，响声消失，则故障由缺油引起；否则，继续检查。

②松开夹紧橡胶圆环的所有螺钉，待传动轴转动数圈后再拧紧，若响声消失，则故障由中间支承安装方法不当引起；否则，故障可能是橡胶圆环损坏，或滚动轴承技术状况不佳，或车架变形等引起。

4）传动轴异响

(1)现象：汽车行驶中传动装置发出周期性的响声；车速越高，响声越大，严重时伴随有车身振抖。

(2)原因：

主要原因是传动轴动不平衡，由于传动轴变形或平衡块脱落等；其次是中间支承吊架固定螺栓松动或万向节凸缘盘连接螺栓松动，使传动轴偏斜。

(3)故障诊断与排除：

除"传动轴动不平衡"诊断方法外，再检查中间支承吊架固定螺栓和万向节凸缘盘连接螺栓是否松动；若有松动，则异响由此引起。

二、实训操作

(一)事前准备

1.收集资料，确定修理方案

依据维修手册及生产实际，对故障进行分析(表4-2-1)，需对传动轴及中间支承进行解体检查，更换损伤部件并按要求进行装配。

传动轴异响的故障分析　　　　表4-2-1

故障现象	故障分析	故障原因
汽车起步或变速时有撞击声	在转矩传递方向上有较大的间隙导致	十字轴与轴承磨损；传动轴与滑动叉磨损；螺栓松动

续上表

故障现象	故障分析	故障原因
汽车行驶时有异响	与传动部件的故障有关	传动轴的中间支承安装不当,万向节装配过紧
汽车行驶时有异响且车身抖动	更严重的传动部件的故障,主要是振动导致	传动轴弯曲变形; 传动轴不平衡; 中间支承损坏严重

2. 整理工位,准备机具、工具、量具及设备

(1)汽车进入工位前,将工位清理干净,准备好相关的器材。

(2)将汽车停驻在地沟或水平的路面上。

(3)楔住汽车的前后轮。

(二)作业内容

1. 普通万向传动装置总成的拆卸

(1)按图4-2-6所示的方法,在每个万向节叉的凸缘上做好标记,以确保作业后的原位装复,否则极易破坏万向传动装置的平衡性,造成运转噪声和强烈振动。

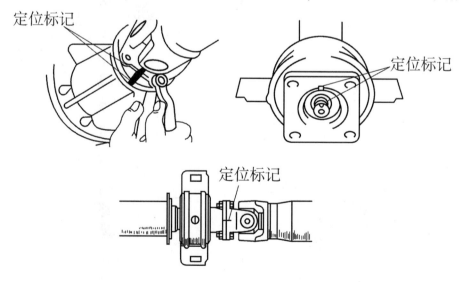

图4-2-6 拆卸时做定位标记

(2)拆下前传动轴与驻车制动鼓连接螺母,拆下中间支承支架与车架横梁的连接螺栓,取下前传动轴总成。

(3)分解滑动叉(图4-2-7)。拧开滑动叉油封盖,把花键轴从滑动叉中抽出

来,取下油封、油封垫和油封盖。

(4) 分解万向节。

①用卡簧钳取出凸缘叉孔内卡环。

②托住传动轴一端,用手锤敲击凸缘叉外侧,将滚针轴承及轴承座振出,如图4-2-8a)所示。

③将传动轴转过180°,用同样的方法将凸缘叉上另一滚针轴承振出,并将凸缘叉取下。

④如图4-2-8b)所示,左手抓住十字轴,将传动轴一端抬起,右手用手锤敲击凸缘叉耳根部,将滚针轴承、轴承座及十字轴振出来。

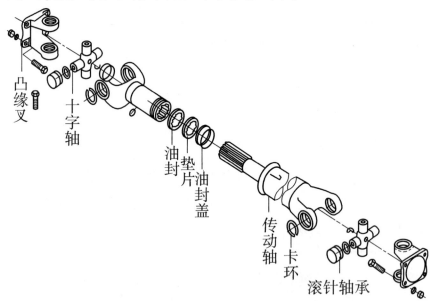

图4-2-7 滑动叉结构

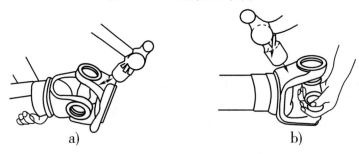

图4-2-8 分解万向节

(5) 中间支承分解,如图4-2-9所示。

①拔下开口销,旋下槽形螺母,取下垫圈。

②用手锤轻敲凸缘背面边缘,松动后把凸缘从中间花键轴上拔出来。

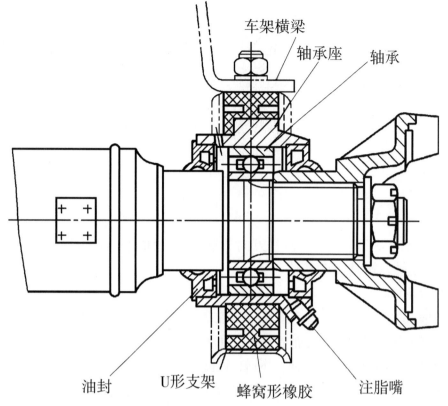

图 4-2-9　传动轴中间支承总成

③在轴承座前端放置一垫板,用手锤轻敲垫板,将整个中间支承从中间花键轴上敲出来。

④把橡胶垫环从轴承座上压出来。

⑤把轴承座夹在台钳上,用铜棒、手锤把两边的油封敲出来,再取出轴承。

注意:为保证万向传动装置的等速传动及满足动平衡要求,安装时传动轴两端的万向节叉应在同一平面内,且使装配记号对准。

2. 普通万向传动装置的检修

1)万向节叉的检修

(1)检查万向节叉、十字轴是否有裂纹,滚针轴承油封是否失效、滚针是否断裂等。如有损坏应予更换新件。

(2)检查十字轴颈表面,疲劳磨损的沟槽或滚针压痕的深度在 0.10mm 以上时,应更换新件。

(3)检查万向节十字轴与滚针轴承的配合间隙,万向节轴承的径向间隙值原厂标准为 0.02~0.08mm,大修标准为 0.02~0.14mm,使用极限为 0.25mm。当配合间隙超过规定极限值时,应予更换(图 4-2-10)。

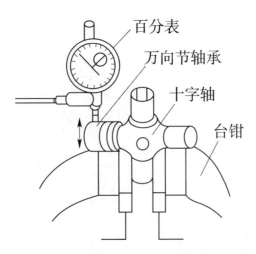

图 4-2-10　检查万向节轴与十字轴的配合间隙

2) 传动轴及滑动叉的检修

(1) 传动轴。

传动轴的主要损伤形式有弯曲、凹陷或裂纹等,主要检修以下几个方面:用 V 形铁架起传动轴,使其水平,而后旋转,用百分表在轴的中间部位测量轴管外圆的径向圆跳动,如图 4-2-11 所示。轴管全长径向全跳动量,原厂标准为不大于 0.75mm,使用极限为 1.5mm。当传动轴弯曲度超过规定值时,应进行更换或校正。

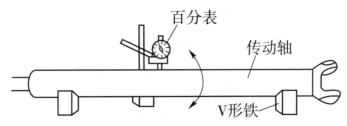

图 4-2-11　检查传动轴弯曲度

(2) 传动轴花键与滑动叉花键的检修。

传动轴花键、滑动叉的主要损伤是:花键齿磨损或横向裂纹。键齿磨损主要表现在配合副配合侧隙增大。传动轴花键与滑动叉花键、凸缘叉配合花键的间隙:轿车应不大于 0.15mm,其他类型的汽车应不大于 0.30mm;否则,应更换传动轴或滑动叉。

3) 中间支承的检修

(1) 检查中间支承轴承的旋转是否灵活,油封和橡胶衬垫是否损坏。如有损坏应更换。

(2) 检查中间支承轴承的松旷程度,检查轴承的轴向和径向间隙应符合原厂规定。轴承径向间隙的检查:如图 4-2-12 所示,先将轴承平放在平板上使百分表的触头抵住轴承外座圈,然后一手把轴承内圈压紧,另一手推动轴承外圈,此时百分表上所摆的数值即为轴承的径向间隙。

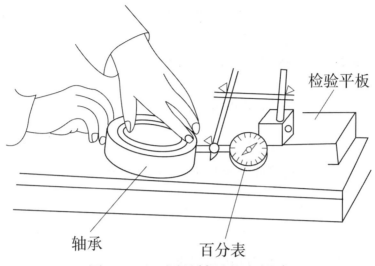

图 4-2-12　测量轴承径向间隙

轴向间隙的检查:如图 4-2-13 所示,首先将轴承外圈放在两垫块上并使轴承内圈悬空,再在轴承内圈上放一平板,然后将百分表触头抵住平板中央,上下推动轴承内圈,此时百分表上所指示的数值即为该轴承的轴向间隙。中间支承轴承间隙使用极限为 0.50mm。若轴承轴向间隙或径向间隙过大,应及时更换。

3. 普通万向传动装置的装配

装配万向传动装置按拆卸的相反顺序进行,装配过程中注意事项如下:

(1)装复万向节时,十字轴上注脂嘴必须朝向传动轴管一方,在十字轴颈、滚针轴承上涂抹少许润滑脂。轴承卡环必须保证进入环槽内。3个十字轴上的注脂嘴应在同一直线上。有注脂嘴的中间支承轴承封盖应装在支架的后面且注脂嘴朝下。

(2)装复滑动叉时,必须对齐标记。应注意使万向节叉位于同一平面内,同时应保证与传动轴两端通过万向节相连的两轴与传动轴的夹角相等。

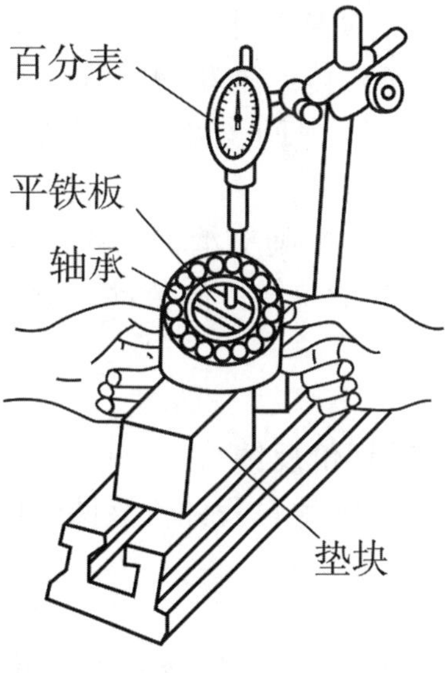

图 4-2-13　测量轴承轴向间隙

(3)传动装置应装配齐全可靠。传动轴上的防尘罩应配备齐全,并用卡箍紧固,两只卡箍的锁扣应错开 180°装配。传动轴总成装复后,应先做动平衡试验。

三、评价与反馈

班 级		姓 名		学 号		日 期	

课题二　传动轴(后轮驱动)抖动故障的诊断与排除

一、相关知识

　　1.简述普通万向传动装置的结构组成：

　　2.普通万向传动装置有哪些常见故障？如何诊断？

二、操作内容

　　1.请根据你所检查的实际情况填写以下内容。

　　(1)万向节叉、十字轴是否有裂纹(　　　)，滚针轴承油封是否失效(　　　)，滚针是否断裂(　　　)；

　　(2)检查十字轴颈表面,疲劳磨损的沟槽或滚针压痕的深度为_____ mm；

　　(3)万向节十字轴与滚针轴承的配合间隙为_____ mm；

　　(4)传动轴轴管全长径向全跳动量为_____ mm,原厂标准为不大于_____ mm,使用极限为_____ mm；

　　(5)传动轴花键与滑动叉花键的配合间隙为_____ mm；

　　(6)中间支承轴承的旋转是否灵活(　　　),油封和橡胶衬垫是否损坏(　　　)；

　　(7)中间支承轴承的径向间隙为_____ mm；轴向间隙为_____ mm。

　　2.请总结万向传动装置装配的主要注意事项：

三、评价反馈

　　1.学生自我评价该课题的完成情况：

　　2.学生建议(含对教师的评价、要求及教学建议等)：

成绩评定		教师	

知识拓展

1. 一辆一汽解放载货货车,传动轴螺栓经常松脱,请你分析原因,并制订修理方案。

2. 请查阅相关资料,说明车辆二级维护关于传动系的作业项目及相关技术要求。

课题三 驱动桥(后轮驱动)异响故障的诊断与排除

学习目标

完成本课题学习后,你应能:
1. 叙述汽车驱动桥(后轮驱动)的作用;
2. 掌握汽车驱动桥(后轮驱动)的总体结构;
3. 进行汽车驱动桥(后轮驱动)检修;
4. 掌握汽车驱动桥(后轮驱动)故障诊断与排除方法;
5. 正确使用维修工具和设备;
6. 与同学密切合作,规范、安全地检修汽车驱动桥(后轮驱动)。

建议课时

12课时。

学习任务(情境)描述

一辆载货汽车,从事长途运输,很少进行维护。该车最近一段时间出现行驶时驱动桥异响,脱挡滑行时响声稍低,且驱动桥部分可以看到明显的油污。需要你对车辆驱动桥部分进行全面的检测,并排除驱动桥异响故障。

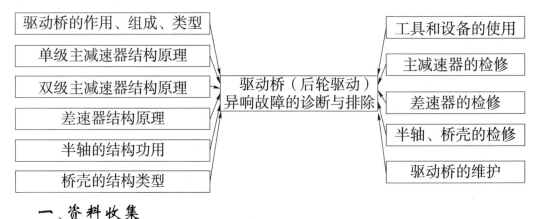

一、资料收集

1. 驱动桥(后轮驱动)的作用

驱动桥处于动力传动系的末端,是将万向传动装置传递过来的动力改变方向,并由主减速器来降低转速或增大转矩,然后经过差速器分配给左右半轴和驱动轮。

驱动桥的作用是将万向传动装置传来的发动机动力经过降速,将增大的转矩分配到驱动车轮。

2. 驱动桥的组成

驱动桥由主减速器、差速器、半轴和驱动桥壳等组成。

驱动桥各部分组成具有如下功能:使主减速器具有合适的减速比;增大转矩;使汽车具有良好的动力性和经济性。在发动机纵置车辆中,主减速器还要通过主减速锥齿轮改变转矩传递的方向;差速器具有差速作用,以保证汽车在转向或在不平道路上行驶时,轮胎不产生滑拖现象;半轴是将转矩从差速器传至驱动轮;桥壳用来安装主减速器和差速器及其他装置。另外,驱动桥应具有较大的离地间隙,以保证良好的通过性;尽可能减轻质量,以减轻汽车的自重。

3. 驱动桥的类型

按结构不同,驱动桥分为整体式驱动桥和断开式驱动桥两种类型。

整体式驱动桥又称为非断开式驱动桥,采用非独立悬架,如图 4-3-1 所示。其驱动桥壳为一刚性件的整体,驱动桥两端通过悬架与车架连接,左右半轴始终在一条直线上,即左右驱动桥不能相互独立地跳动。当某一侧车轮因地面升高或下降时,整个驱动桥及车身都要随之发生倾斜。

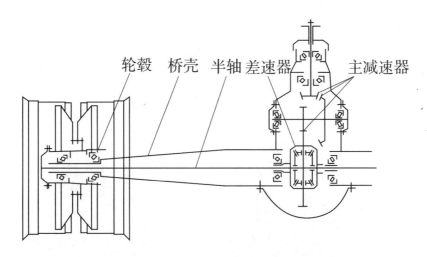

图 4-3-1　整体式驱动桥结构示意图

断开式驱动桥多用于独立悬架,将两侧的驱动轮分别用弹性悬架与车架联系,两轮可彼此独立地相对于车架上下跳动,主减速器壳固定在车架上,驱动桥壳分段并通过铰链连接,如图 4-3-2 所示。

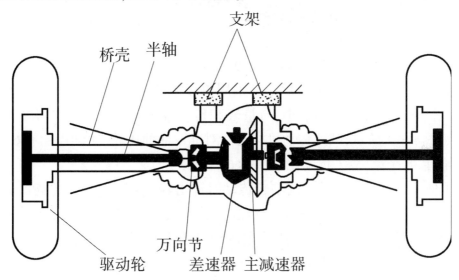

图 4-3-2　断开式驱动桥的构造

根据发动机的布置方式和传动方案的不同,又可分为前驱动桥和后驱动桥两类,非断开式驱动桥通过弹性元件悬架与车架连接,半轴套管与主减速器壳刚性连接,因而两侧的半轴和驱动轮不可能在横向平面内作相对运动。

4. 单级主减速器的结构

为满足不同的使用要求,主减速器的结构形式也是不同的。按齿轮副结构分,有圆锥齿轮式、圆柱齿轮式和准双曲面齿轮式。单级主减速器由一对常啮合的锥齿轮组成。

单级主减速器结构如图 4-3-3 所示,主要由主动锥齿轮、从动锥齿轮、支承轴承等零件组成。

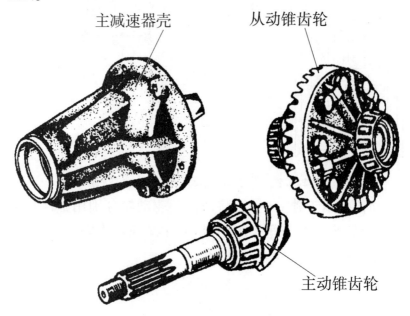

图 4-3-3　单级主减速器组成

目前,轿车和一般轻、中型货车都采用单级主减速器,可以满足汽车动力性的要求,它具有结构简单、体积小、质量轻和传动效率高等优点。单级主减速器的结构如图 4-3-4 所示,减速传动机构为一对准双曲面齿轮,主动齿轮有 6 个齿,从动齿轮有 38 个齿,故主传动比 $i = 38:6 = 6.33$。

为了使主动和从动齿轮之间啮合传动时冲击轻、噪声低,而且轮齿沿其长度方向磨损均匀,因此必须有正确的相对位置。为此,在结构上一方面要使主动和从动锥齿轮有足够的支承刚度,使其在传动过程中不至于发生较大变形而影响正常啮合;另一方面,应有必要的啮合调整装置。

1) 支承刚度

为保证主动锥齿轮有足够的支承刚度,主动锥齿轮与轴制成一体,前端支承在互相贴近而小端相向的两个圆锥滚子轴承 2 和 3 上,后端支承在圆柱滚子轴承上,形成跨置式支承。环状的从动锥齿轮连接在主减速器壳的座孔中。在从动锥齿轮的背面,装有支承螺栓,以限制从动锥齿轮过度变形而影响齿轮的正常工作。装配时,支承螺栓与从动锥齿轮端面之间的间隙为 0.3~0.5mm。

2) 轴承预紧度

装配主减速器时,圆锥滚子轴承应有一定的装配预紧度,即在消除轴承间隙的基础上,再给予一定的压紧力,其目的是减小在锥齿轮传动过程中,轴向力所引起的齿轮轴的轴向位移,以提高轴的支承刚度,保证锥齿轮副的正常啮合。但也不能过紧,若过紧则传动效果低,且加速轴承磨损。为调整圆锥滚子轴承的预紧度,在两轴承内座垫圈之间隔离套的一端装有一组厚度不同的调整垫片。如发现过紧则增加垫片的总厚度;反之,减少垫片的总厚度。通常用预紧力矩来表示预紧度的大小,EQ1090E型汽车主减速器主动轴,调整到能以 $1.0 \sim 1.5 \mathrm{N \cdot m}$ 的力矩转动叉形凸缘,预紧度即为合适。支承差速器壳的圆锥滚子轴承的预紧度靠拧紧两端调整螺母调整。调整时应用手转动从动锥齿轮,使滚子轴承处于正确位置。调好后应能以 $1.5 \sim 2.5 \mathrm{N \cdot m}$ 的力矩转动差速器组件。应该指出的是,圆锥滚子轴承预紧度的调整必须在齿轮啮合调整之前进行。

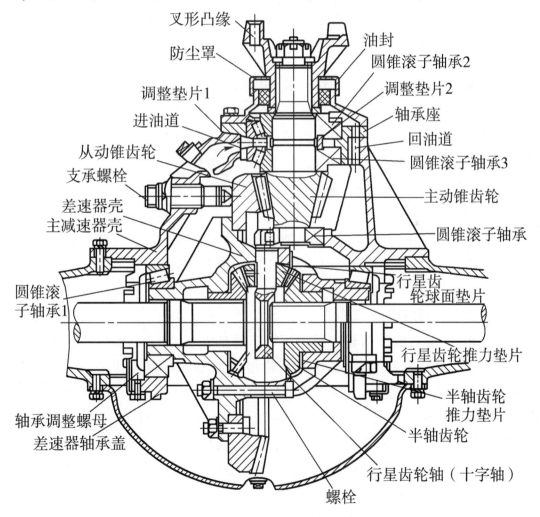

图 4-3-4　单级主减速器结构

3）啮合的调整

（1）齿面啮合印迹的调整。

先在主动锥齿轮轮齿上涂以红色颜料（红丹粉与机油的混合物）然后用手使主动锥齿轮往复转动，于是从动锥齿轮轮齿的两工作面上便出现红色印迹。若从动齿轮轮齿正转和逆转工作面上的印迹均位于齿高的中间偏于小端，并占齿面宽度的60%以上，则为正确啮合（图4-3-5）。正确啮合的印痕位置可通过增减主减速器壳与主动锥齿轮轴承座之间调整垫片的总厚度（即移动主动锥齿轮的位置）而获得。

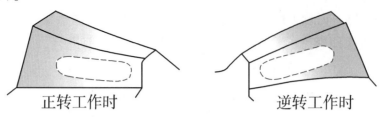

图4-3-5　正确的啮合印痕

（2）齿侧间隙的调整。

旋转调整螺母以改变从动锥齿轮的位置。轮齿的齿侧间隙应在0.15~0.4mm范围内。若间隙大于规定值，应使从动锥齿轮靠近主动锥齿轮，反之则离开。为保持已调好的圆锥滚子轴承的预紧度不变，一端螺母拧进的圈数应等于另一端螺母拧出的圈数。

为了减小驱动桥的外形尺寸，目前主减速器中基本不用直齿圆柱齿轮，而采用螺旋圆锥齿轮。在同样传动比的情况下，主动螺旋齿轮齿数可以做得少些，主减速器的结构就比较紧凑，可以增加离地间隙，而且运动平稳，噪声小，因而在汽车上得到了广泛的应用。

近年来，在准双曲面齿轮广泛用于轿车的基础上，越来越多地使用在中型、重型汽车上。这是因为它与螺旋圆锥齿轮相比，不仅齿轮的工作平稳性好，弯曲强度和接触强度好，而且其主动齿轮的轴线相对从动锥齿轮的可以偏移。在保证一定的离地间隙的情况下，主动齿轮的轴线向下偏移，可降低主动锥齿轮和传动轴的位置，因而使车身和整个汽车的重心降低，提高了汽车的行驶稳定性。东风EQ1090E型汽车主减速器即采用了这种下偏移的准双曲面齿轮，其偏移距为38mm，如图4-3-6所示。

准双曲面齿轮工作时，由于齿面间的相对滑移量大，且齿面间的压力也大，齿面油膜易被破坏。为了减少摩擦，提高效率，必须使用专门级别的含防刮伤添加剂的双曲面齿轮油,决不允许用普通齿轮油代替,否则会使齿面迅速擦伤和磨损,大大降低主减速器的使用寿命。

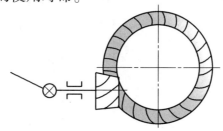

图4-3-6 下偏移的准双曲面齿轮主减速器

主减速器壳中所储存的双曲面齿轮油,靠从动齿轮转动时甩到各齿轮、轴承和轴上进行润滑。为了保证主动齿轮前端的圆锥滚子轴承得到可靠的润滑,在主减速器壳体中铸有进油道和回油道。齿轮转动时,飞溅起的润滑油从进油道通过轴承座的孔进入两圆锥滚子轴承小端之间,在离心力的作用下,润滑油从小端流向大端。流出圆锥滚子轴承大端的润滑油经回油道流回主减速器内。在主减速器壳体上装有通气塞,防止壳内的气压过高而使润滑油渗漏。

5. 双级主减速器

根据发动机特性和车辆使用条件,要求主减速器具有较大的主传动比时,由一对锥齿轮构成的单级主减速器已无法保证足够的最小离地间隙,这时则需要采用两对齿轮实现降速的双级主减速器。双级齿轮式传动器主要由两对常啮合的齿轮组成,其中一对为锥齿轮,另一对为圆柱齿轮或圆柱斜齿轮,一些中型或重型汽车采用双级主减速器。图4-3-7为双级主减速器结构简图,第一级为一对螺旋锥齿轮减速,第二级为一对圆柱斜齿轮减速。

6. 差速器作用

(1)保证两车轮移动距离不等时车轮不产生滑动。当汽车转弯时,内外两侧车轮中心在同一时间内移过的曲线距离显然不同,即外侧车轮移动的距离大于内侧车轮,如图4-3-8所示。

汽车在不平路面上直线行驶时,两侧车轮实际移过的曲线距离也不相等。差速器保证了在各车轮角速度不等,即车轮移动距离不等时车轮不产生滑动。

(2)保证越野车各驱动桥间以不同转速转动,多轴驱动的越野汽车,各驱动桥间由传动轴相连。若各桥的驱动轮均以相同的角速度旋转,同样也会产生滑动。差速器即消除了各驱动桥的滑动,从而保证越野车各驱动桥间以不同转速转动。

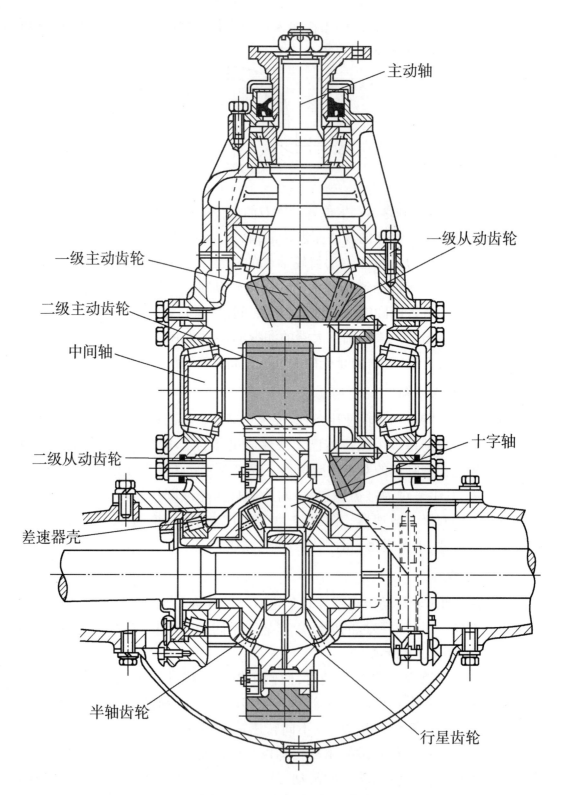

图 4-3-7 双级主减速器

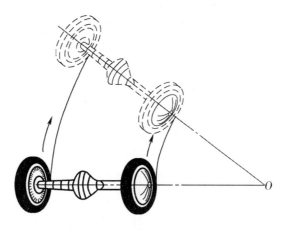

图 4-3-8　汽车转向时驱动轮运动示意图

7. 普通行星齿轮差速器的结构组成

差速器按用途可分为轮间差速器和轴间差速器；按工作特性可分为普通差速器和防滑差速器。

行星齿轮式差速器主要由 4 个行星齿轮、十字形行星锥齿轮轴、两个半轴锥齿轮、两个差速器壳、行星锥齿轮球面垫片、半轴锥齿轮推力垫片等组成，如图 4-3-9 所示。

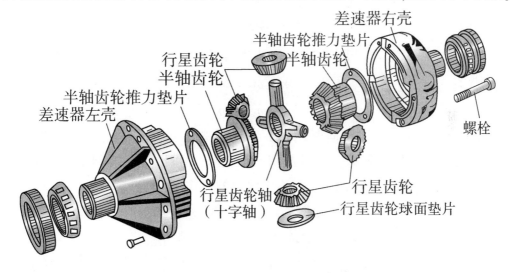

图 4-3-9　行星齿轮式差速器结构

行星齿轮式差速器动力传递路线为：

差速器壳→十字轴→行星齿轮→半轴齿轮→半轴→驱动车轮。

8. 普通行星齿轮差速器的工作原理

1）运动特性

差速器的两种不同的工作情况。

(1)汽车直线行驶。汽车直线行驶时两侧驱动轮阻力相同,行星齿轮只有公转,没有自转,差速器不起差速作用,如图 4-3-10 所示。

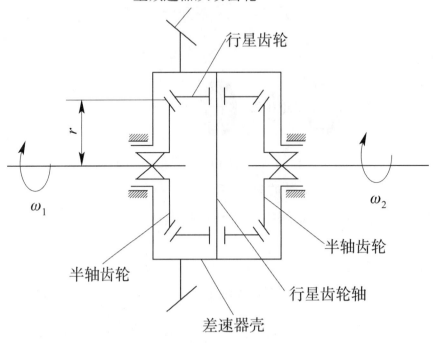

图 4-3-10　差速器工作原理

则：$\quad\omega_1 = \omega_2 = \omega_0$

即：$\quad\omega_1 + \omega_2 = 2\omega_0$

(2)汽车转向。汽车转向时两侧驱动轮阻力不同,如汽车右转向,外侧车轮有滑移的趋势,内侧车轮有滑转的趋势,即外侧车轮阻力小,内侧车轮阻力大,使行星齿轮除了公转,还以 $\Delta\omega$ 自转,差速器起差速作用。

则：$\quad\omega_1 = \omega_0 + \Delta\omega, \omega_2 = \omega_0 - \Delta\omega(差速作用)$

即：$\quad\omega_1 + \omega_2 = 2\omega_0$

所以,左半轴齿轮转速的增加值等于右半轴齿轮的减小值,这就是差速器的差速作用。即汽车在转弯或其他情况下行驶时,两侧车轮可以不同的转速在地面上滚动,差速器无论差速与否,两半轴齿转速之和始终等于差速器壳体转速的 2 倍,而与行星齿轮自转转速无关。

推论：

① 若 ω_1 或 ω_2 为零时, ω_2 或 $\omega_1 = 2\omega_0$(一侧打滑,另一侧飞转);

② 当 $\omega_0 = 0$ 时, $\omega_1 = -\omega_2$(中央制动器制动传动轴)。

2)差速器的转矩分配特性

差速器转矩分配特性如图 4-3-11 所示。

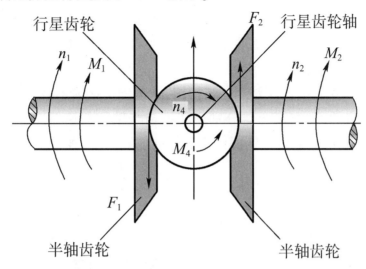

图 4-3-11　差速器转矩分配示意图

设主减速器传至差速器壳的转矩为 M_0，两半轴的转矩分别为 M_1 和 M_2，行星齿轮的自转产生的摩擦力矩为 M_4。

(1)当行星齿轮不自转时，$M_4=0$，差速器将转矩 M_0 平均分配给两半轴齿轮。即：
$$M_1 = M_2 = M_0/2$$

(2)当行星齿轮如图示方向自转时（$n_1 > n_2$），行星齿轮所受摩擦力矩 M_4 与其自转方向相反。
$$M_1 = (M_0 - M_4)/2$$
$$M_2 = (M_0 + M_4)/2$$

结论：当差速器起差速作用时，转得慢的车轮分配到的转矩大于转得快的车轮，差值为差速器的内部摩擦力矩 M_4。由于 M_4 很小，可忽略不计，则 $M_1 = M_2 = M_0/2$，可见，无论差速器差速与否，行星锥齿轮差速器都具有转矩等量分配的特性。

特点：该特性对于汽车在好路面上行驶是有利的。但在坏路面上行驶却会严重影响其通过率。

9. 防滑差速器

为提高汽车在坏路面上的通过能力，防止车轮滑转，在某些汽车上采用了防滑转装置。其共同点都是在一个驱动轮滑转时，设法使大部分转矩甚至全部转矩传给不滑转的驱动轮，以充分利用这一驱动轮的附着力而产生足够牵引力，使汽车能够继续行驶。

1) 强制锁止式差速器

为了满足上述要求,最简单的办法是在普通差速器上设置差速锁,使之成为强制锁止式差速器。当一侧驱动车轮滑转时,可利用差速锁使差速器不起差速作用。

图 4-3-12 为强制锁止式差速器结构图,差速锁由接合器及其操纵机构组成,端面上有接合齿的外、内接合器分别用花键与半轴和差速器壳左端相连。前者可沿半轴轴向滑动,后者则以锁圈固定其轴向位置。

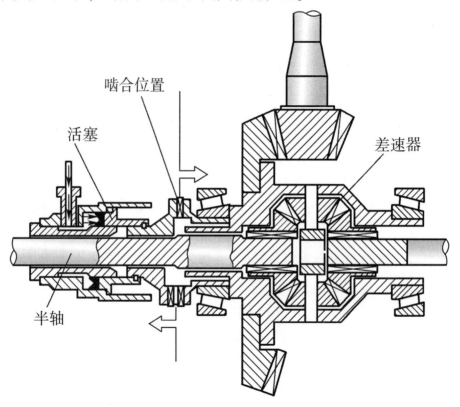

图 4-3-12　强制锁止式差速器结构图

汽车采用电控气动方式操纵差速锁。当汽车的一侧车轮处于附着力较小的路面上时,可按下仪表板上的按钮,使电磁阀接通压缩空气管路,压缩空气从管接头进入工作缸,推动活塞克服弹簧弹力带动外接合器右移,使之与内接合器接合。结果,左半轴与差速器壳成为刚性连接,差速器不起差速作用,即左右半轴被连成一体一同旋转。这样,当一侧驱动轮滑转而无牵引力时,从主减速器传来的转矩全部分配到另一侧驱动轮上,使汽车得以正常行驶。当汽车通过坏路上好路时,驾驶员通过按钮使电磁阀切断高压气路,汽缸内压缩空气经电磁阀排出。于是在复位弹簧的作用下,外接合器左移回到分离位置。强制差速器结构简单,易于制造,但操作必须停车时进行。

2)摩擦片式自锁差速器

高摩擦自锁差速器是在普通差速器的基础上发展而成的,如图 4-3-13 所示,为增加差速器内摩擦力矩,在半轴齿轮与差速器壳之间装有摩擦片。十字轴由两根互相垂直的行星齿轮轴组成,其端部均切出凸 V 形斜面,相应地差速器壳上也有凹 V 形斜面,两根行星齿轮轴的 V 形面是反向安装的,每个半轴齿轮的背面有推力压盘和主、从动摩擦片。推力压盘以内花键与半轴相连,而其轴颈处用外花键与从动摩擦片相连。主动摩擦片则用花键与差速器壳相连。推力压盘和主、从动摩擦片均可作微小的轴向移动。

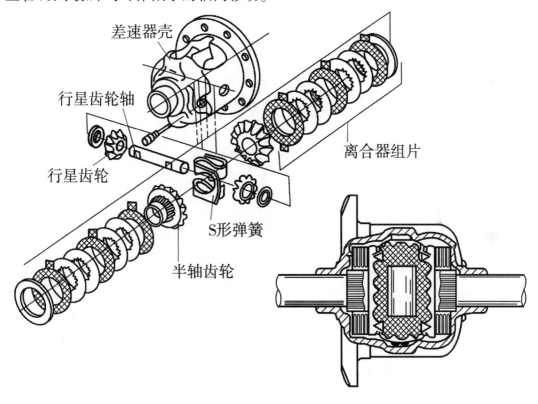

图 4-3-13 摩擦片式自锁差速器结构

直线行驶时工作过程。当汽车直线行驶时,两半轴无转速差,转矩平均分配给两半轴,由于差速器壳通过斜面对行星齿轮轴两端压紧,斜面上产生的轴向力迫使两行星齿轮轴分别向左右两方向略移动,通过行星齿轮使推力压盘压紧摩擦片。此时转矩经两条路线传给半轴:一路经行星齿轮轴、行星齿轮和半轴齿轮,将大部分转矩传给半轴;另一路则由差速器经主、从动摩擦片、推力压盘传给半轴。

坏路面上行驶时工作过程。当一侧车轮在坏路面上滑转或转弯时,差速器由于差速作用,使两半轴转速不相等,即一侧半轴的转速高于差速器壳的转速,另一侧低于差速器壳的转速。这样,由于轴向力的转速差存在,主、从动摩擦片之间将产生摩擦力矩,且经从动摩擦片及推力压盘传给两半轴的摩擦力矩方向相反,与快转半轴的转向相反,而与慢转半轴的转向相同。因而使得慢转半轴所分配到的转矩大于快转半轴所分配到的转矩。摩擦作用越强,两半轴的转矩差越大,最大可达 5~7 倍。

3) 蜗轮蜗杆式差速器

蜗轮蜗杆式差速器又称托森(Torsen)差速器,其结构如图 4-3-14 所示,它由空心轴、差速器外壳、前轴蜗杆、后轴蜗杆、蜗轮轴及蜗轮等零件组成。

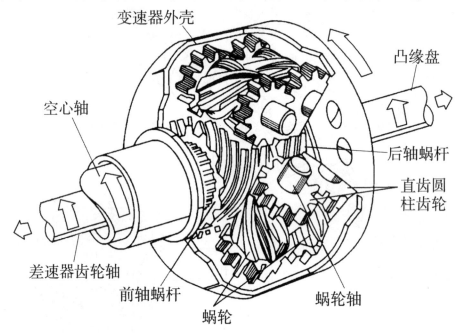

图 4-3-14 蜗轮蜗杆式差速器的结构

空心轴和差速器外壳通过花键相连而一同转动,蜗轮通过蜗轮轴支承在差速器外壳上分别与前、后蜗杆相啮合,每个蜗轮上固定有两个直齿圆柱齿轮,每对蜗轮通过直齿圆柱齿轮相啮合。前轴蜗杆和驱动前桥的差速器齿轮轴为一体,后轴蜗杆和驱动后桥的驱动轴凸缘盘为一体。

当汽车行驶时,来自发动机的转矩通过空心轴传至差速器外壳,差速器外壳通过蜗轮轴传至蜗轮,再传至蜗杆。前轴蜗杆通过差速器齿轮轴将动力传至前桥,后轴蜗杆通过驱动轴凸缘盘将动力传至后桥。当汽车转向时,前、后桥将出现转速差,通过与蜗轮啮合的直齿圆柱齿轮的相对转动,使一轴转速提高,而另一轴转速降低实现差速作用。差速器内速度平衡是通过直齿圆柱齿轮来实现的。

10. 半轴

半轴的功用是将差速器传来的动力传递给驱动轮。其内端与差速器的半轴齿轮相连,而外端则与驱动轮的轮毂相连。因其传动的转矩较大,常制成实心轴。半轴的受力情况,则由半轴和驱动轮在桥壳上的支承形式而定,常见的半轴支承形式有全浮式和半浮式两种。

1) 全浮式半轴

半轴的支承形式,使半轴只承受转矩,而两端均不承受任何反力和反力矩,故称为全浮式支承形式。所谓"浮"是对卸除半轴的弯曲负荷而言。全浮式半轴的结构如图4-3-15所示,内端通过花键与半轴齿轮啮合,外端凸缘与轮毂用螺栓连接,半轴浮装于半轴套管中,具有较大的传力能力。

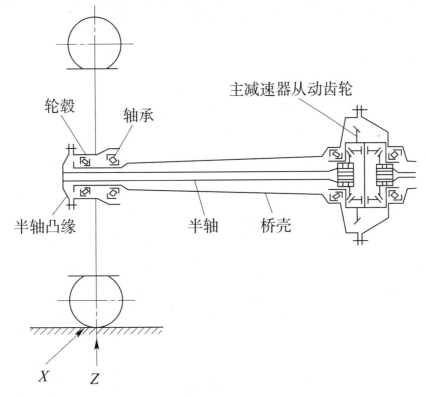

图4-3-15　全浮式半轴支承形式驱动桥的示意图

2) 半浮式半轴

作用在车轮上的各反力都必须经过半轴传给驱动桥壳,这种半轴只能使半轴内端免受弯矩,而外端却承受全部弯矩,故称为半浮式。半浮式半轴的结构如图 4-3-16 所示,内端通过花键与半轴齿轮啮合,外端通过轴承支承于桥壳内,车轮轮毂通过螺栓或键与半轴连接。半浮式半轴除传递转矩外,其外端还承受路面作用于车轮的各向作用力及力矩。半浮式半轴具有结构简单、质量小、适用于小直径车轮等特点,多用于轿车和微型汽车,但拆装不方便。

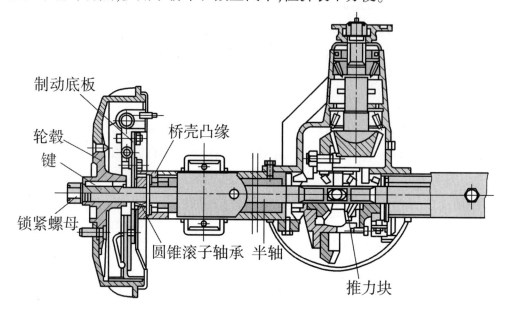

图 4-3-16　半浮式半轴支承形式驱动桥的示意图

11. 驱动桥桥壳

驱动桥桥壳的作用是支承并保护主减速器、差速器和半轴等,使左右驱动车轮的轴向相对位置固定;同从动桥一起支承车架及其上面各总成的质量;汽车行驶时,承受由车轮传来的路面反作用力和力矩,并经悬架传给车架。

驱动桥的桥壳须有足够的强度和刚度,质量轻,并便于主减速器的拆装和调整。由于桥壳的尺寸和质量比较大,制造较困难,故其结构形式在满足使用要求的条件下,要尽可能便于制造。

驱动桥壳一般由主减速器壳和半轴套管组成,可分为整体式和分段式两类。

(1) 整体式桥壳。

整体式桥壳中部为一环形空心壳体,两端压入半轴套管,并用螺钉止动。如图 4-3-17 所示,半轴套管露出部分安装轮壳轴承,端部制有螺纹,用于安装轮毂轴承调整螺母和锁紧螺母。凸缘盘用来固定制动底板,壳的端部加工有油封颈,和轮毂油封配合,以密封轮毂空腔,防止润滑油外溢。主减速器、差速器先装入主减速器壳内,再将主减速器壳以止口定位并用螺钉固定在前端面上。桥壳后端面的大孔可用来检查主减速器的技术状况,平时用盖封住。盖上有螺塞,用以检查油面高度。

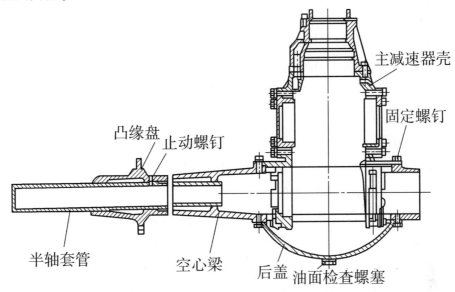

图 4-3-17 整体式驱动桥壳

(2)分段式桥壳。

分段式桥壳是桥壳与主减速器壳铸成一体,且一般分为两段,由螺栓连成一体,这种桥壳易于铸造,但维护主减速器和差速器时必须把整个桥拆下来,否则无法拆检主减速器和差速器。它由半轴壳、桥壳、凸缘等组成,如图 4-3-18 所示。

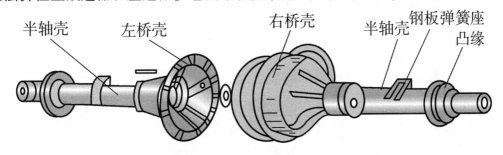

图 4-3-18 分段式驱动桥壳

12.驱动桥的故障诊断

驱动桥的常见故障有驱动桥漏油、驱动桥异响、驱动桥过热等。

1)驱动桥过热

故障现象:汽车行驶一段里程后,驱动桥壳中部或主传动器壳异常烫手。

故障原因:齿轮啮合间隙和行星齿轮与半轴齿轮啮合间隙调整过小;轴承调整过紧;润滑油量不足、变质或牌号不符合要求;止推垫片与主减速器从动齿轮背隙过小。

故障诊断与排除方法如下。

(1) 局部过热：

①油封处过热，则故障由油封过紧引起。

②轴承处过热，则故障由轴承损坏或调整不当引起。

③油封和轴承处均不过热，则故障由止推垫片与主减速器从动齿轮背隙过小引起。

(2) 普遍过热：

①检查齿轮油油面高度。油面太低，则故障由齿轮油油量不足引起；否则，检查齿轮油规格、黏度或润滑性能。

②检查结果不符合要求，则故障由齿轮油变质或规格不符引起；否则，检查主减速器齿轮啮合间隙大小。

③松开驻车制动器，变速器置于空挡，轻轻转动主减速器的凸缘盘；若转动角度太小，则故障由主减速器齿轮啮合间隙太小引起；若转动角度正常，则故障由行星齿轮与半轴齿轮啮合间隙太小引起。

2) 漏油

故障现象：从驱动桥加油口、放油口螺塞处或油封、各接合面处可见到明显漏油痕迹。

故障原因：螺栓多次拆卸导致螺纹孔间隙大；通气孔堵塞；油封、衬垫等老化、变质；螺栓松动导致接合面不严密；润滑油加注过多；放油螺栓松动或壳体裂纹。

故障诊断与排除方法：根据漏油痕迹部位判断漏油的具体原因。

3) 异响

故障现象：行驶时驱动桥异响，脱挡滑行时异响消失；行驶时驱动桥异响，脱挡滑行时亦有异响；直线行驶时无异响，转向时有异响；上下坡时有异响。

故障原因：齿轮啮合不良；半轴齿轮与半轴配合花键松旷；轴承过松或过紧；差速器某零部件磨损过度；某齿轮啮合间隙过小或过大；某齿轮啮合印迹不当。

故障诊断及排除：

(1) 停车检查，发现驱动桥有不正常的响声时，可将驱动桥架起，启动发动机并挂挡，然后急剧改变车速，察听驱动桥响声来源，以判断故障所在部位。随即熄火并放入空挡，在传动轴停止转动后，用手转动传动轴凸缘，若有松旷感觉，则为齿侧间隙过大;如感到一点活动量也没有,则说明齿侧间隙过小。此时应调整齿侧间隙。

(2)汽车在行驶中,如车速越高则响声越大,而滑行时减小或消失,一般是轴承磨损松旷,齿轮齿侧间隙失常;如急速改变车速或上坡时发响,则为齿轮齿侧间隙过大,应予调整。

(3)如汽车在转弯时发生异响,多为差速器行星齿轮齿侧间隙过大或半轴齿轮及键槽磨损;严重时应拆下来修理。

(4)在行驶中听到驱动桥突然有响声,多为齿轮损坏,应立即停车检查排除。如继续行驶,将会打坏齿轮,使汽车停驶。

二、实训操作

(一)事前准备

(1)收集资料,确定修理方案。

依据维修手册及生产实际,对照故障原因表(表4-3-1),确定修理方案为对驱动桥部分进行全面检修。

驱动桥故障现象及原因　　　　表4-3-1

故障现象	故　障　原　因	故障排除方法
驱动桥漏油	螺栓多次拆卸导致螺纹孔间隙大; 通气孔堵塞; 油封、衬垫等老化、变质; 螺栓松动导致接合面不严密; 润滑油加注过多; 放油螺栓松动或壳体裂纹	修补螺纹孔或更换桥壳; 疏通通气孔; 更换油封及衬垫; 紧固螺栓; 按标准加注润滑油; 更换放油螺栓、焊补或更换桥壳
驱动桥异响	齿轮啮合不良; 半轴齿轮与半轴配合花键松旷; 轴承过松或过紧; 差速器某零部件磨损过度; 某齿轮啮合间隙过小或过大; 某齿轮啮合印迹不当	调整啮合间隙; 更换; 调整轴承间隙; 更换磨损件; 调整啮合间隙; 调整啮合印痕

续上表

故障现象	故障原因	故障排除方法
驱动桥过热	齿轮啮合间隙过小； 轴承过紧； 润滑油不足、变质或型号不对	调整啮合间隙； 调整轴承间隙； 按标准加注润滑油

(2) 整理工位,准备机具、工具、量具及设备。

(二) 作业内容

任务一 主减速器的检修

1. 技术标准及要求

啮合间隙应为 0.08~0.12mm,齿侧间隙应在 0.15~0.4mm 范围内,啮合印痕符合标准。

支承螺栓与从动锥齿轮端面之间的间隙为 0.3~0.5mm。

预紧度调整到能以 1.0~1.5N·m 的力矩转动叉形凸缘；能以 1.5~2.5 N·m 的力矩转动差速器组件。

2. 设备与工具准备

(1) EQ1090E 型主减速器总成若干。

(2) 常用工具,套筒,扭力扳手,弹簧秤,轴承拉力器,调整垫片,百分表,磁性表座。

3. 作业过程

1) 解体与装复主减速器

解体前应对齿轮啮合间隙、轴承轴向间隙作初步检查。

解体后应认记各部位调整垫片数量、厚度,并分别有序放置。

从动齿轮轴承调整螺环解体前作安装位置标记,避免安装时左右调整螺环错位。

从动齿轮座盖在取下轴承和调整环后应装合原处,防止左右轴承座盖错乱。

按与分解步骤相反顺序进行,按规定力矩拧紧凸缘螺母时,应边拧紧边转动轴承座,使轴承滚子与外圈处于正确位置,并使槽形螺母的槽对正主动齿轮上的开口销孔。

2) 主动锥齿轮轴承预紧度的检查与调整

按照装复顺序将主动锥齿轮与轴承座装复,注意不装油封,并按规定力矩拧紧凸缘槽形螺母。

(1)轴承预紧度大小的检查。

检查方法:用弹簧秤测量主动锥齿轮轴转动阻力的大小来判定。

将轴承座夹在台钳上,用弹簧秤切向拉动主动锥齿轮轴上的凸缘边缘孔,测量主动锥齿轮轴开始转动的瞬间拉力大小,其拉力值应符合原厂规定,如图4-3-19所示。

操作注意事项:

测预紧度时不应装油封;弹簧秤沿切向拉动凸缘边缘孔;记下凸缘刚开始转动的瞬间拉力值。

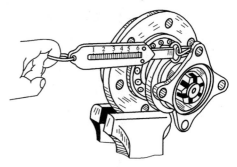

图4-3-19　主动锥齿轮轴承预紧度大小的检查

(2)轴承预紧度的调整。

调整方法:增减前端两圆锥滚子轴承间的调整垫片厚度进行调整。

弹簧秤拉力大于规定值时,增加垫片厚度;弹簧秤拉力小于规定值时,减少垫片厚度。因为轴承预紧度的调整关系到主动锥齿轮的装配质量。装配不当,轻者发生异响,加速磨损,影响动力性和经济性;重者打坏齿轮、烧坏轴承。

预紧度调整合适后,再将油封装复。装复时小心油封不要被尖锐物划伤,而且还要注意油封唇口方向不要装反,以免造成漏油。

3)从动锥齿轮轴承预紧度的检查与调整

检查方法:用百分表测量从动锥齿轮背面的端面圆跳动。其端面圆跳动量应不大于0.05mm,最大极限值为0.10mm。间隙不合适,应予调整。

提示:上述测量时用力要均匀,不可用力过猛,以免读数不准或损坏仪表。

调整方法:通过调整左、右轴承螺母来进行。

调整时先将螺母旋紧,再退回1/16~1/10圈,使最近的一个开口与锁止板重合,用锁止板固定。调整后,轴向推拉齿轮应无间隙感,转动齿轮时,无卡滞现象。

4)主、从动锥齿轮啮合间隙的调整

从动锥齿轮轴承预紧度调整后,安装好主、从动锥齿轮总成,进行该项目调整。装配时注意:主动锥齿轮总成和壳体间的润滑油孔、润滑油槽必须相应对正。

(1)调整方法。

①调整大垫片。通过主动锥齿轮总成和壳体间的调整大垫片进行调整。增加调整大垫片,啮合间隙变大;反之,啮合间隙变小。

②调整大螺母。松左侧调整大螺母,紧右侧调整大螺母,啮合间隙变小;反

之,啮合间隙变大。

提示:此时属初调啮合间隙,一般只通过调整大螺母进行调整。调整时,必须先松一侧调整大螺母,再紧另一侧调整大螺母,先松后紧,松几圈,紧几圈,以保证从动锥齿轮轴承预紧度不变。

(2)检测方法。啮合间隙原厂规定标准为 0.15~0.40mm,大修允许值为 0.20~0.50mm,使用极限为 0.60mm。检测方法有如下几种。

①百分表检测法。将百分表固定于主减速器盖上,用百分表测头抵在主动锥齿轮凸缘的边上,左右转动凸缘,测出其自由摆动量,即为啮合间隙。

②卡尺检测法。将 0.5~1mm 的软金属丝(软铝丝或者熔断丝)放入被动锥齿轮齿面间,转动锥齿轮,将压扁的软金属丝用游标卡尺测量其厚度,即为啮合间隙。

③经验法。用手来回转动主动锥齿轮凸缘,凭经验听轮齿撞击声,可判断啮合间隙大小。

5)主、从动锥齿轮啮合印痕的调整

啮合印痕反映了主减速器齿轮的受力承载情况,主减速器的调整应以啮合印痕为主。

(1)检测方法—印痕法。在从动锥齿轮一圈均布 3~4 处,每处 1~2 齿的齿面上涂以红丹油或者红印泥,然后转动从动锥齿轮,检查从动锥齿轮上的啮合印痕是否适当。

(2)啮合印痕的正确部位(无负荷时)。啮合印痕应达到齿长的 50% 以上,位置控制在轮齿的中部偏小端,离小端 2~4mm。齿高方向的啮合印痕应大于有效齿高的 50% 以上,离齿顶 0.8~1.6mm。

(3)调整原则。调整时应先调好主、从动锥齿轮轴承预紧度、啮合间隙,然后调整啮合印痕;检查调整啮合印痕时,应以前进挡工作面为主,适当兼顾倒退挡;调整啮合印痕时,应辅助调整啮合间隙;调整啮合印痕过程中,必须保证从动锥齿轮轴承预紧度不变。

(4)调整方法。在齿长方向,调从动锥齿轮(松、紧调整大螺母),主动锥齿轮辅调(增、减调整大垫片);在齿高方向,调主动锥齿轮,从动锥齿轮辅调。具体按"大进从,小出从;顶入主,根出主"的方法调整,如图 4-3-20 所示。

大进从:若啮合印痕靠近锥齿轮大端,将从动锥齿轮向内侧调整(松右侧调整大螺母,紧左侧调整大螺母)。调整后,若啮合间隙过小,再将主动锥齿轮向外侧调整(增加调整大垫片)。

小出从:若啮合印痕靠近锥齿轮小端,将从动锥齿轮向外侧调整。调整后,

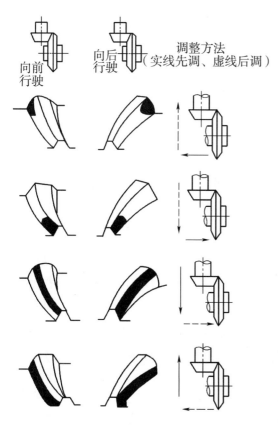

图 4-3-20 锥齿轮啮合的调整

若啮合间隙过大,再将主动锥齿轮向内侧调整。

顶入主:若啮合印痕靠近锥齿轮顶端,将主动锥齿轮向内侧调整。调整后,若啮合间隙过小,再将从动锥齿轮向外侧调整。

根出主:若啮合印痕靠近锥齿轮根端,将主动锥齿轮向外侧调整。调整后,若啮合间隙过大,再将从动锥齿轮向内侧调整。

调好啮合印痕后,将从动锥齿轮轴承盖的连接螺栓以 196～235N·m 的力矩拧紧,装好防松装置。

6) 从动锥齿轮支承螺柱的调整

在 EQ1090 型汽车主减速器壳的左侧,有一个从动锥齿轮支承螺柱,其作用是防止从动锥齿轮过度变形而影响齿轮的正常工作。装配时,要求支承螺柱与从动锥齿轮背面之间的间隙为 0.3～0.5mm。调整此间隙时,先将支承螺柱拧到底,然后退回 1/4 圈左右即可。调整好后装上防松锁片。

任务二 差速器及其他零部件的检修

1. 技术标准及要求

半轴齿轮与行星齿轮啮合间隙为 0.10～0.12mm,齿侧间隙应在 0.15～0.20mm 范围内;预紧度调整到用 1.5～2.5N·m 的力矩能转动差速器组件;行星齿轮和半轴齿轮应无裂纹,齿面疲劳剥落面积应不大于 15%,齿厚磨损量应不大于 0.20mm,齿轮背面不得有明显的磨损沟槽,否则应更换;行星齿轮轴轴颈与行星齿轮内孔的配合间隙大于 0.40mm,或与差速器壳体承孔配合松动,应更换行星齿轮轴;行星齿轮与差速器壳的间隙应为 0.15～0.25mm,半轴齿轮与差速器壳的间隙应为 0.20～0.40mm,否则应更换球形止推垫片;差速器支承轴承出现疲劳剥落及烧蚀、轴承外圈与壳体配合松动等均应换用新件;差速器壳体出现裂纹、差速器壳凸缘的端面圆跳动量大于 0.30mm、轴承轴颈磨损与轴承配合松动,均应换用新件。

2. 设备与工具准备

(1) EQ1090E 型主减速器差速器总成若干。

(2) 常用工具,套筒,扭力扳手,弹簧秤,轴承拉力器,调整垫片,百分表,磁性表座。

3. 作业过程

1) 差速器的装配

将差速器轴承的内圈压入左、右差速器壳的轴颈上。将从动锥齿轮装到差速器左壳上,用螺栓紧固,螺母的拧紧力矩为 137~157N·m,拧紧后用锁片锁住螺母。

把半轴齿轮支承垫圈、半轴齿轮放入左差速器壳的壳孔内,将已装好的行星齿轮及其支承垫的十字轴装入左差速器壳的十字槽中,并使行星齿轮与半轴齿轮啮合。在行星齿轮上装上右边的半轴齿轮、支承垫圈,将差速器右壳合到左壳上,注意对准壳上的标记,从右向左插入螺栓,螺母的拧紧力矩为 137~157 N·m。半轴齿轮支承端面与支承垫圈间的间隙,大修允许 0.50mm,使用极限为 0.80mm;不符合规定应更换新的支承垫圈。

2) 差速器轴承预紧度的调整

将组装好的差速器总成装入减速器轴承座孔内,注意左右轴承盖要按记号装复,按规定力矩拧紧轴承盖螺栓。慢慢拧动两端的调整螺母,调整差速器轴承的预紧度,拧入调整螺母时要不断转动从动齿轮,使轴承滚子处于正确位置。正确的预紧度应是用 1.5~2.5N·m 的力矩能灵活转动差速器总成。当用弹簧秤钩在从动锥齿轮紧固螺栓上测量时的切向拉力为 11.3~25.9N,最后用锁片锁牢。

经验检查方法:用手转动从动锥齿轮时,稍有阻力感并转动灵活,无卡滞现象,用撬棒轴向撬动无轴向间隙感为合适。

3) 驱动桥主要零件的检修作业

(1) 桥壳的检修:

①桥壳和半轴套管不允许有裂纹存在,半轴套管应进行探伤处理。各部螺纹损伤不得超过 2 牙。

②钢板弹簧座定位孔的磨损不得大于 1.5mm,超限时先补焊,然后按原位置重新钻孔。

③整体式桥壳以半轴套管的两内端轴颈的公共轴线为基准,两外轴颈的径向圆跳动误差超过 0.30mm 时应进行校正,校正后的径向圆跳动误差不得大于

0.08mm。

④分段式桥壳以桥壳的接合圆柱面、接合平面及另一端内锥面为基准,轮毂内外轴颈的径向圆跳动误差超过 0.25mm 时应进行校正,校正后的径向圆跳动误差不得大于 0.08mm。

(2)半轴的检修:

①半轴应进行隐伤检查,不得有任何形式的裂纹存在。

②半轴花键应无明显的扭转变形。

③以半轴轴线为基准,半轴中段未加工圆柱体径向圆跳动误差不得大于 1.3mm;花键外圆柱面的径向圆跳动误差不得大于 0.25mm;半轴凸缘内侧端面圆跳动误差不得大于 0.15mm。径向圆跳动超限,应进行冷压校正;端面圆跳动超限,可车削端面进行修正。

④半轴花键的侧隙增大量较原厂规定不得大于 0.15mm。

任务三　驱动桥的维护

1. 设备与工具准备

(1)EQ1090E 型汽车或其他后驱车型若干辆。

(2)齿轮油加注机,磁力探伤仪,常用工具,套筒,扭力扳手,弹簧秤,轴承拉力器,调整垫片,百分表,磁性表座。

2. 驱动桥的维护作业

1)一级维护

一级维护时,对驱动桥和车轮应进行下述作业:

(1)检查后桥壳是否有裂纹及不正常的渗漏。如有渗漏,应查明原因,予以排除。

(2)检查各部螺栓、螺母的连接是否可靠。

(3)后桥壳体内的润滑油量是否合适,其油面应不低于检视孔下沿 15mm 处。

(4)后桥壳的通气塞应保持畅通。

(5)用推动轮毂来检查轴承的松紧度时,应无明显手感的松旷量。

(6)检视轮胎和半轴上的外露螺栓、螺母不得有松动。

2)二级维护

二级维护除进行一级维护的所有项目外,还应进行以下内容:

(1)检查半轴。半轴应无弯曲、裂纹,键槽无过度磨损。如有可视的键槽磨损时,应进行左右半轴的换位。

(2)拆下轮毂,检查半轴套管是否配合松旷,有无裂纹,各螺纹的损伤不得超过2牙。

(3)检视后桥壳是否有裂纹。

(4)放油后,拆下后桥壳盖,清除油污并检视齿轮、轴承及各部螺栓紧固情况,必要时可以更换齿轮和轴承。

(5)检视主减速器的油封有无漏油,凸缘螺母是否松动,检查主减速器连接螺栓的松紧度。

(6)检查轮毂轴承的紧固情况,必要时按技术条件的要求拧紧。

二级维护时,还要根据有无下列现象,决定驱动桥维护的附加作业项目:

(1)主减速器有无异响,主减速器的啮合间隙是否过大;如有,说明轮齿磨损或啮合间隙过大,应调整啮合间隙并检查齿面接合状况。

(2)检查后桥在正常工作时的油温是否超过60℃并伴有异响。如有此现象说明轮齿啮合不当或齿轮有折齿,也可能是由于轴承预紧度过大,应拆检主减速器和差速器。

上述作业结束后,装复后桥壳后盖,按规定加注符合原厂规定的齿轮油至规定油面。

三、评价与反馈

班 级		姓 名		学 号		日 期	
课题三 驱动桥(后轮驱动)异响故障的诊断排除							
一、相关知识 　　1.汽车驱动桥(后轮驱动)的组成及类型: 　　2.汽车驱动桥部分有哪些常见故障?原因是什么?如何解决? **二、操作内容** 　　1.请根据你所检查的实际情况填写以下内容。							

续上表

(1)主减速器齿轮的表面检查情况：_____；
(2)调整后主减速器齿轮的啮合间隙为_____ mm；
(3)调整后从动锥齿轮背面的端面圆跳动量为_____ mm；
(4)半轴齿轮与行星齿轮啮合间隙为_____ mm,齿侧间隙为_____ mm；
(5)行星齿轮和半轴齿轮的表面检查情况：_____,齿厚磨损量为_____ mm；
(6)行星齿轮轴轴颈与行星齿轮内孔的配合间隙为_____ mm；
(7)行星齿轮与差速器壳的间隙为_____ mm；
(8)半轴齿轮与差速器壳的间隙为_____ mm；
(9)差速器支承轴承的检查情况：_____。

2.请总结主、从动锥齿轮啮合印痕的调整原则和方法：

三、评价反馈

1.学生自我评价该课题的完成情况：

2.学生建议(含对教师的评价、要求及教学建议等)：

成绩评定		教师	

知识拓展

1.如图4-3-21所示为CA1091型汽车主减速器的结构,请分析并填写如下问题。

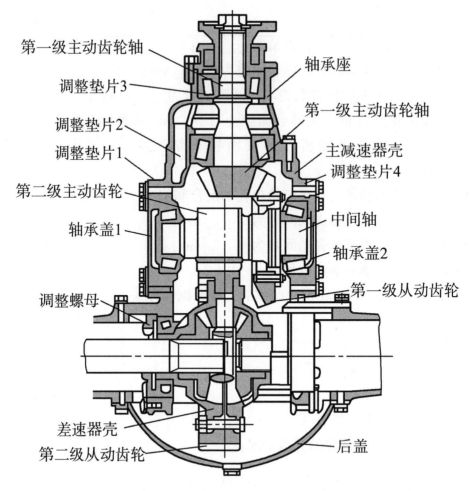

图 4-3-21　CA1091 型汽车主减速器

主动锥齿轮轴轴承的预紧度,可借增减_____的厚度来调整,中间轴圆锥滚子轴承预紧度则借改变两边侧向_____和主减器壳间的_____总厚度来调整。支承差速器壳的滚子轴承的预紧度是靠旋动_____调整的。为了便于进行锥齿轮副的啮合调整,主动和从动锥齿轮的轴向位置都可以略加移动。增加_____和主减速器壳间的_____厚度,第一级主动锥齿轮则沿轴向离开从动锥齿轮;反之则靠近。若减小_____处的调整垫片,同时将这些卸下来的垫片都加到右轴承盖处,则第一级从动锥齿轮右移,反之则左移。若两组调整垫片的总厚度的减量和增量不相等,则将破坏已调整好的中间轴轴承预紧度。

2.查阅资料,说明奥迪四轮驱动车型中托森 C 型差速器是怎样动作的。

项目五　新能源汽车变速器与驱动桥的检修

项目描述

当前,新能源汽车发展迅猛,保有量骤增。新能源汽车的变速器与驱动桥的组成结构、工作原理与检修方式等相对于传统的变速器与驱动桥有所不同。本项目将从更换新能源汽车动力总成减速器油、纯电动汽车前驱减速器的检修、混合动力电动汽车变速驱动桥的检修三个课题展开。

项目要求

1. 了解减速器油的用途;
2. 了解纯电动汽车动力总成减速器油的性能;
3. 掌握纯电动汽车前驱减速器的组成结构;
4. 掌握纯电动汽车前驱减速器的工作原理;
5. 了解减速器控制 ECU 的相关功能;
6. 掌握纯电动汽车动力总成减速器油的更换方法;
7. 能按照操作规范完成纯电动汽车前驱减速器的拆装及检修;
8. 能按技术要求掌握变速驱动桥挡位传感器检修。

课题一　更换新能源汽车动力总成减速器油

完成本课题学习后,你应能:
1. 了解减速器油的用途;
2. 了解纯电动汽车动力总成减速器油的性能;

3. 掌握纯电动汽车动力总成减速器油的更换方法。

 建议课时

2课时。

 学习任务（情境）描述

车主反映：一辆比亚迪E5纯电动汽车，仪表提示需要维护，将车辆行驶到店，维修技师对其进行检查，需要进行维护操作，其中包含油液的更换。需要你对动力总成减速器油进行更换。

学习内容

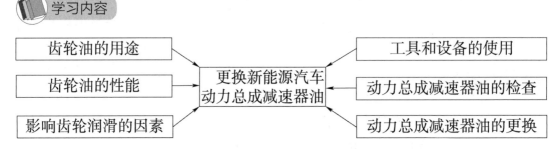

一、资料收集

1. 什么是齿轮油

齿轮油主要指变速器和后桥的润滑油。它和机油在使用条件、自身成分和使用性能上均存在着差异。齿轮油主要起润滑齿轮和轴承、防止磨损和锈蚀、帮助齿轮散热等作用。

汽车齿轮油用于汽车转向器、变速器以及驱动桥等齿轮传动机构中，由于齿轮传动时表面压力高，所以齿轮油对齿轮的润滑、抗磨、冷却、散热、防腐防锈、洗涤和降低齿面冲击与噪声等方面起着重要作用。

2. 齿轮油的性能

(1) 合适的黏度及良好的黏温性，黏度是齿轮油最基本的性能。黏度大，形成的润滑油膜较厚，抗负载能力相对较好。

(2) 足够的极压抗磨性。极压抗磨性是齿轮油最重要的性质、最主要的特点。是赖以防止运动中齿面磨损、擦伤、胶合的性能。抗磨、耐负荷性能，由于齿轮负荷一般都在490MPa以上，而双曲线齿面负荷更高达2942MPa，为防止油膜破裂造成齿面磨损和擦伤，在齿轮油中一般都加入极压抗磨剂，以前常用硫－氯

型、硫-磷-氯型、硫-氯-磷-锌型、硫-铅型和硫-磷-铅型添加剂。普遍采用硫-磷或硫-磷-氮型添加剂。

（3）良好的抗乳化性。齿轮油遇水发生乳化变质会严重影响润滑油膜形成而引起擦伤、磨损。

（4）良好的氧化安定性和热安定性。良好的热氧化安定性保证油品的使用寿命。

（5）良好的抗泡性。生成的泡沫不能很快消失将影响齿轮啮合处油膜形成，夹带泡沫使实际工作油量减少，影响散热。

（6）良好的防锈防腐蚀性。腐蚀和锈蚀不仅破坏齿轮的几何学特点和润滑状态，腐蚀与锈蚀产物会进一步引起齿轮油变质，产生恶性循环。

齿轮油还应具备其他一些性能，如黏附性、剪切安定性等。目前我国多数中、重负荷工业齿轮油所用的极压添加剂以硫-磷型为主，与国外同类产品质量水平相当。

3. 影响齿轮润滑的因素

（1）温度：温度下降时，润滑油会变稠。温度上升时，则会变稀。因此，在低温条件下需要低黏度的润滑油，而在高温条件下则需要厚重的油以防止金属与金属之间的干摩擦。

（2）速度：滑动和转动的速度越快，齿轮间挤进润滑剂的时间就越少。同时在高速运作下润滑油更易结块变厚。因此，低速用高黏度（稠油），高速用低黏度油（稀油）。

（3）负荷（压力）：高黏度油比低黏度油更能抵御重负并防止金属与金属之间的碰撞。因此，轻负荷需要低黏度的润滑油，高负荷需要高黏度的润滑油。

（4）冲击负荷：例如由发动机发出的律动力，这就需要比较厚重的油以防油膜的瞬间碎裂而产生的边界润滑，因为只有极少的润滑油可留下。在这种情况下，需要一种含有极压添加剂（EP）的润滑油。

（5）齿轮类型：使用直齿、斜齿、人字齿和锥齿轮副时，滑动和转动会产生有效的油膜形成从而减缓啮合的轮齿间的直接接触。在蜗轮蜗杆和双曲面齿轮等非平等轴传动装置上，相对滑动运作的方向不利于维持油膜。在这些传动装置上，往往大量出现边界润滑。因此，在蜗轮蜗杆装置和大偏心量的双曲面齿轮传动装置上需要仍为厚重的油。当这些传动装置受到重负和高压时，就要选择具有的高强油膜特性（高黏度）、光滑性、润滑性或甚至极压添加剂的润滑油。

二、实训操作

1. 事前准备

（1）收集资料，确定修理方案。

（2）工具、量具及设备准备。

①18款比亚迪E5纯电动汽车、举升机、移动平板车。

②工具准备：

a. 常用工具：世达100件工具套装。

b. 绝缘工具：世达68件绝缘工具套件。

c. 防护装备：车外三件套、车内三件套。

2. 作业内容

以比亚迪E5纯电动汽车为例，执行比亚迪E5纯电动汽车动力总成减速器油的更换作业。

（1）布置车辆防护护垫、转向盘套、脚垫、减速器操纵杆套等保护用品，如图5-1-1所示。

（2）举升车辆。

（3）检查减速器是否漏油，如图5-1-2所示。

图5-1-1 车辆防护

图5-1-2 检查减速器是否漏油

（4）拆下减速器放油螺塞，排尽减速器齿轮油，如图5-1-3所示。

（5）加注减速器油液至合适液位。

（6）安装并紧固加油螺塞。

（7）检查减速器是否漏油，如图5-1-2所示。

（8）整理工位，整理机具、工具、量具及设备。

图5-1-3 拆下减速器放油螺塞

三、评价与反馈

班　级		姓　名		学　号		日　期	

课题一　更换新能源汽车动力总成减速器油

一、相关知识

1. 什么是齿轮油？

2. 齿轮油的性能有哪些？

二、操作内容

1. 请根据你所检查的实际情况填写以下内容：

(1) 比亚迪 E5 纯电动汽车润滑油采用的齿轮油型号为_____。

(2) 变速器需要加入_____ L 润滑油。

(3) 观察油位至_____位置处停止加油。

2. 请总结更换新能源汽车动力总成减速器油的主要注意事项。

三、评价反馈

1. 学生自我评价该课题的完成情况：

2. 学生建议(含对教师的评价、要求及教学建议等)：

成绩评定		教师	

四、知识拓展

(1) 齿轮油长时间不更换有哪些危害？

（2）在更换齿轮油的过程中有哪些注意点？

课题二　纯电动汽车前驱减速器的检修

学习目标

完成本课题学习后，你应能：

1. 掌握比亚迪 E5 纯电动汽车前驱减速器的组成结构；
2. 掌握比亚迪 E5 纯电动汽车前驱减速器的工作原理；
3. 能按照操作规范完成比亚迪 E5 纯电动汽车前驱减速器的拆装及检修。

建议课时

2 课时。

学习任务（情境）描述

一辆比亚迪 E5 纯电动汽车被拖送至 4S 店进行维修，车主反映该车无法移动。维修接待人员试车发现车辆上电指示灯亮、动力系统故障警告灯点亮，且仪表信息区域显示驱动电机故障。经高级维修技师诊断，故障原因指向前驱减速器。

学习内容

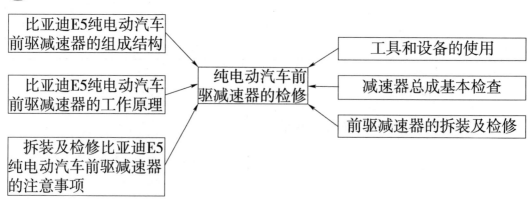

项目五 新能源汽车变速器与驱动桥的检修

一、资料收集

1. 减速器总成基本检查

检查减速器表面是否有泄漏或者破损,若发现有破损或者漏油等异常状况应立即停止车辆使用,并将车辆移至厂家指定维修站点。

2. 电机冷却系统基本检查

(1)检查电机冷却系统各线束连接器的连接是否牢靠或者线束是否破损,若发现有破损或者是连接异常状况应及时进行检修。

(2)检查电机冷却系统冷却液循环管道是否有漏液状况,若有,应及时进行检修。若电机驱动系统相关部件的检测数值不在规定的范围内,请进一步检测确认故障,并根据故障点进行维修,具体检测标准见表5-2-1。

比亚迪 E5 纯电动汽车电机驱动系统维修相关标准数据　　表 5-2-1

检修内容	标准值范围
驱动电机三相电压母线绝缘检测	大于 20MΩ
驱动电机绝缘检测	大于 20MΩ
驱动电机三相绕组断路检测	小于 1Ω
三相绕组电阻、电感值不均衡性	小于 5%
旋转变压器励磁绕组阻值	7Ω±2Ω(随温度不同而变化)
旋转变压器正弦绕组阻值	15Ω±2Ω(随温度不同而变化)
旋转变压器余弦绕组阻值	12Ω±2Ω(随温度不同而变化)
电动机主轴弯曲度	不大于 0.01mm
转子轴承径向圆跳动量	小于 0.02mm
转子轴承轴向圆跳动量	小于 0.05mm

二、实训操作

(一) 事前准备

(1)收集资料,确定修理方案。

(2)工具、量具及设备准备。

①2018 款比亚迪 E5 纯电动汽车、举升机、移动平板车。

②工具准备。

a. 常用工具：世达 100 件工具套装。

b. 绝缘工具：世达 68 件绝缘工具套件。

c. 防护装备：车外三件套、车内三件套。

(3) 个人防护：工作服、手套、工作鞋。

(二) 作业内容

以比亚迪 E5 纯电动汽车为例，执行前驱减速器的检修作业。

1. 前期准备

(1) 举升车辆，如图 5-2-1 所示。

(2) 拆卸动力蓄电池总成，如图 5-2-2 所示。

图 5-2-1　举升车辆

图 5-2-2　拆装动力电池总成

(3) 拆卸高压电控总成。

(4) 拆卸车辆悬架，如图 5-2-3 所示。

(5) 拆卸驱动桥总成，并放置于移动升降平板车上，如图 5-2-4 所示。

图 5-2-3　拆卸车辆悬架

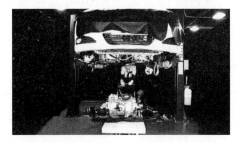
图 5-2-4　拆卸驱动桥总成

(6) 分离主减速器和驱动电机，将主减速器放置于升降平板车上，如图 5-2-5 所示。

2. 拆卸减速器壳体

(1) 拆卸半轴油封罩盖。

①使用小一字螺丝刀拆卸半轴限位卡簧,如图 5-2-6 所示。

图5-2-5　分离主减速器和驱动电机　　图 5-2-6　拆卸半轴限位卡簧

②拆卸半轴密封圈,如图 5-2-7 所示。

③使用小一字螺丝刀拆卸半轴油封罩盖,如图 5-2-8 所示。

图 5-2-7　拆卸半轴密封圈　　图 5-2-8　拆卸半轴油封罩盖

(2)使用小一字螺丝刀拆卸输入轴限位卡簧,如图 5-2-9 所示。

(3)使用小一字螺丝刀拆卸输入轴密封圈,如图 5-2-10 所示。

图 5-2-9　拆卸输入轴限位卡簧　　图 5-2-10　拆卸输入轴密封圈

(4)拆卸输出轴固定螺母。

①使用 10mm 套筒、接杆、指针式扭力扳手,预松 6 个输出轴固定螺母,如图 5-2-11 所示。

③旋下 6 个输出轴固定螺母,并取出,如图 5-2-12 所示。

(5)拆卸主减速器壳体内侧固定螺栓。

①使用 10mm 套筒、接杆、指针式扭力扳手,预松主减速器壳体内侧固定螺

栓,如图 5-2-13 所示。

图 5-2-11　预松输出轴固定螺母

图 5-2-12　旋下输出轴固定螺母

②使用 10mm 套筒、接杆、棘轮扳手,拆卸主减速器壳体内侧固定螺栓,如图 5-2-14 所示。

图 5-2-13　预松主减速器壳体
　　　　　　内侧固定螺栓

图 5-2-14　拆卸主减速器壳体
　　　　　　内侧固定螺栓

③取出主减速器壳体内侧固定螺栓,如图 5-2-15 所示。

(6)翻转减速器总成。

(7)拆卸另一侧半轴油封罩盖。

①使用小一字螺丝刀拆卸另一侧半轴限位卡簧,如图 5-2-16 所示。

图 5-2-15　取出主减速器壳体
　　　　　　内侧固定螺栓

图 5-2-16　拆卸另一侧半轴
　　　　　　限位卡簧

②拆卸半轴密封圈,如图 5-2-17 所示。

③使用小一字螺丝刀拆卸半轴油封罩盖,如图 5-2-18 所示。

图 5-2-17　拆卸半轴密封圈

图 5-2-18　拆卸半轴油封罩盖

（8）拆卸主减速器壳体外侧固定螺栓。

①使用 10mm 套筒、接杆、指针式扭力扳手，预松主减速器壳体外侧固定螺栓，如图 5-2-19 所示。

②使用 10mm 套筒、接杆、棘轮扳手，拆卸主减速器壳体外侧固定螺栓并取出，如图 5-2-20 所示。

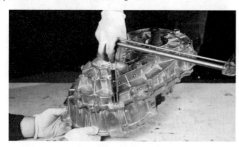

图 5-2-19　预松主减速器壳体
　　　　　外侧固定螺栓

图 5-2-20　拆卸主减速器壳体
　　　　　外侧固定螺栓

（9）拆卸主减速器外侧壳体。

①两人配合操作，使用一字螺丝刀轻撬主减速器壳体，以分离主减速器两侧壳体，如图 5-2-21 所示。

注意事项：

可使用胶带裹住螺丝刀头部，防止螺丝刀划伤主减速器壳体密封面。

②取出主减速器外侧壳体，如图 5-2-22 所示。

图 5-2-21　轻撬主减速器壳体

图 5-2-22　取出主减速器外侧壳体

3. 拆卸差速器齿轮轴

(1) 拆卸差速器齿轮。

①取出差速器齿轮轴承垫圈。

②一人扶住主减速器外壳,一人晃动差速器齿轮至其松动后,抽出差速器齿轮,并妥善放置,如图 5-2-23 所示。

(2) 拆卸中间轴。

①使用 10mm 套筒、接杆、指针式扭力扳手,预松中间轴固定螺栓。

②使用 10mm 套筒、接杆、棘轮扳手,拆卸中间轴固定螺栓,并取出,如图 5-2-24 所示。

图 5-2-23　抽出差速器齿轮　　　图 5-2-24　拆卸中间轴固定螺栓

③晃动中间轴至其松动后取出中间轴,并妥善放置,如图 5-2-25 所示。

(3) 拆卸输入轴。

①使用 10mm 套筒、接杆、指针式扭力扳手,预松输入轴固定螺栓。

②使用 10mm 套筒、接杆、棘轮扳手,拆卸输入轴固定螺栓,并取出,如图 5-2-26 所示。

图 5-2-25　取出中间轴　　　图 5-2-26　拆卸输入轴固定螺栓

③晃动输入轴至其松动后取出输入轴,并妥善放置,如图 5-2-27 所示。

4. 安装差速器齿轮轴

(1) 清洁主减速器壳体。

①使用美工刀清理主减速器壳体密封面残余密封胶,如图 5-2-28 所示。

图 5-2-27　取出输入轴

图 5-2-28　清理主减速器壳体密封面残余密封胶

②使用抹布清洁密封面及壳体内部,如图 5-2-29 所示。

(2)轴承表面润滑。

①使用润滑油涂抹各轴承座,以便在安装过程中保护轴承,如图 5-2-30 所示。

图5-2-29　清洁密封面及壳体内部

图 5-2-30　使用润滑油涂抹各轴承座

②检查输入轴两侧轴承,使用润滑油涂抹轴承表面,如图 5-2-31 所示。

(3)安装输入轴。

①两人配合安装输入轴并确保其处于正确位置,如图 5-2-32 所示。

注意事项：

涂抹密封胶时注意密封胶需涂抹均匀,密封胶呈线条状,无明显断开。

图 5-2-31　检查输入轴两侧轴承

图 5-2-32　安装输入轴

②使用10mm 套筒、接杆、棘轮扳手,安装输入轴固定螺栓,如图 5-2-33 所示。

③使用扭力扳手紧固固定螺栓至(45±5)N·m,如图5-2-34所示。

图5-2-33　安装输入轴固定螺栓　　　图5-2-34　紧固固定螺栓至(45±5)N·m

(4)安装中间轴。

①两人配合安装中间轴并确保其处于正确位置,如图5-2-35所示。

②使用10mm套筒、接杆、棘轮扳手,安装中间轴固定螺栓,如图5-2-36所示。

图5-2-35　安装中间轴　　　图5-2-36　安装中间轴固定螺栓

③使用扭力扳手紧固固定螺栓至(45±5)N·m,如图5-2-37所示。

(5)安装差速器齿轮。

①两人配合安装差速器齿轮并确保其处于正确位置,如图5-2-38所示。

图5-2-37　紧固固定螺栓至(45±5)N·m　　　图5-2-38　安装差速器齿轮

②转动差速器齿轮,检查减速器各齿轮是否啮合到位,如图5-2-39所示。

③安装差速器齿轮轴承垫圈,如图5-2-40所示。

图5-2-39　检查减速器各齿轮是否啮合到位

图5-2-40　安装差速器齿轮轴承垫圈

5. 安装主减速器壳体

（1）主减速器外侧壳体防护。

①在主减速器外侧壳体轴承座上涂抹润滑油，如图5-2-41所示。

②将密封胶涂抹在主减速器壳体密封面，如图5-2-42所示。

图5-2-41　涂抹润滑油

图5-2-42　涂抹密封胶

（2）安装主减速器外侧壳体。

①放置主减速器外侧壳体至安装位置，如图5-2-43所示。

②按压主减速器外侧壳体使其进入正确位置，如图5-2-44所示。

图5-2-43　安装主减速器外侧壳体

图5-2-44　按压主减速器外侧壳体

③检查主减速器外侧壳体是否正常拼接，旋转输出轴检查主减速器齿轮是否安装到位，如图5-2-45所示。

④使用10mm套筒、接杆、棘轮扳手，安装差速器壳体外侧固定螺栓，如图5-2-46所示。

图 5-2-45　旋转输出轴

图 5-2-46　安装差速器壳体外侧固定螺栓

⑤使用扭力扳手紧固固定螺栓至(60±5)N·m,如图 5-2-47 所示。

(3)安装半轴。

安装半轴油封罩盖,安装半轴密封圈,安装半轴限位卡簧,如图 5-2-48 所示。

图 5-2-47　紧固固定螺栓至(60±5)N·m

图 5-2-48　安装半轴油封罩盖

(4)翻转减速器总成。

(5)安装差速器壳体内侧固定螺栓。

①使用 10mm 套筒、接杆、棘轮扳手,安装差速器壳体内侧固定螺栓,如图 5-2-49 所示。

②使用扭力扳手紧固固定螺栓至(60±5)N·m,如图 5-2-50 所示。

图 5-2-49　安装差速器壳体内侧固定螺栓

图 5-2-50　紧固固定螺栓至(60±5)N·m

(6)安装输出轴固定螺母。

①使用 10mm 套筒、接杆、棘轮扳手,安装 6 个输出轴固定螺母,如图 5-2-51 所示。

②使用扭力扳手紧固固定螺栓至(45±5)N·m,如图5-2-52所示。

图 5-2-51　安装输出轴固定螺母

图 5-2-52　紧固固定螺栓至 (45±5)N·m

(7)安装输入轴密封圈。

(8)安装输入轴限位卡簧。

(9)安装半轴油封罩盖、密封圈、限位卡簧。

6.复位工作

(1)安装主减速器和驱动电机,如图5-2-53所示。

(2)安装驱动桥,如图5-2-54所示。

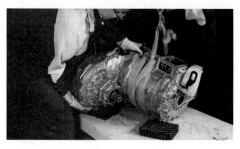

图5-2-53　安装主减速器和驱动电机

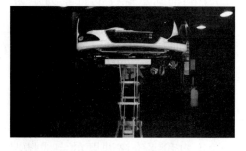

图 5-2-54　安装驱动桥

(3)安装车辆悬架,如图5-2-55所示。

(4)安装高压电控总成和动力蓄电池总成,如图5-2-56所示。

图 5-2-55　安装车辆悬架

图 5-2-56　安装动力蓄电池总成

(5)降下车辆,进入车内,起动车辆,确认车辆能正常上电。

三、评价与反馈

班　级		姓　名		学　号		日　期	

课题二　纯电动汽车前驱减速器的检修

一、相关知识

1. 纯电动汽车前驱减速器的组成：

2. 纯电动汽车前驱减速器的工作原理：

二、操作内容

1. 请根据你所检查的实际情况填写以下内容：

   (1) 检查储液罐中的制动液，制动液液位_____；

   (2) 中间轴固定螺栓的拧紧力矩为_____N·m；

   (3) 安装主减速器壳体前需要涂抹_____。

2. 请总结离合器液压操纵机构放气的主要注意事项。

三、评价反馈

1. 学生自我评价该课题的完成情况：

2. 学生建议(含对教师的评价、要求及教学建议等)：

成绩评定		教师	

四、知识拓展

比亚迪 E5 纯电动汽车减速器与传统汽车变速器有什么区别？

项目五　新能源汽车变速器与驱动桥的检修

课题三　混合动力电动汽车变速驱动桥的检修

学习目标

完成本课题学习后，你应能：

1. 了解变速器控制 ECU 的相关功能；
2. 正确地使用工具和设备；
3. 能按技术要求掌握变速驱动桥挡位传感器检修。

建议课时

4 课时。

学习任务（情境）描述

一辆丰田卡罗拉轿车车主反映：汽车用低速挡起步时，放松离合器踏板后，汽车不能起步或起步困难；汽车加速行驶时，车速不能随发动机转速的提高而提高，感到行驶无力，严重时产生焦煳味或冒烟等现象。需要你对离合器进行检测，确定故障部位并进行修理。

学习内容

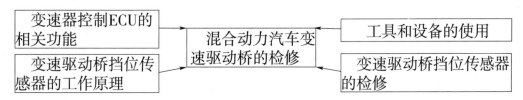

一、资料收集

（一）线控换挡变速驱动桥控制

1. 变速器控制 ECU

变速驱动桥 P 挡为按键开关，电子换挡为 R、N、D、B 四个挡位，它们全是电子开关，与变速驱动桥没有任何机械连接。如图 5-3-1 所示，当输入来自 P

挡开关或换挡杆的信号时,HV-ECU 发送 P 挡控制(PCON)信号到变速器控制 ECU。变速器控制 ECU 根据该信号激活变速器内的 P 挡锁止控制电动机(换挡控制执行器),机械地锁止或解锁 HV 变速驱动桥总成的中间驱动齿轮。如果变速器内 P 挡锁止控制电动机确实锁止了中间驱动齿轮,则向变速器控制 ECU 发送反馈信号,变速器控制 ECU 再将执行器完成动作的信号反馈给 HV-ECU,具体方法是通过发送 P 挡位置(PPOS)信号到 HV-ECU,实现闭环控制。

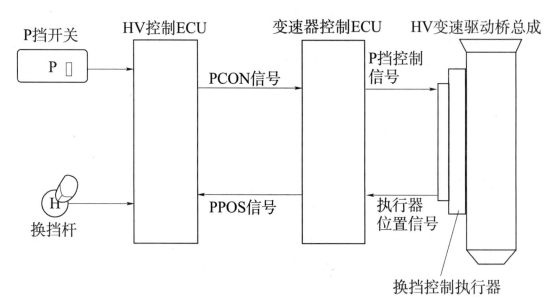

图 5-3-1 换挡位置和驻车信号传输

2. 故障检修

图 5-3-2 所示为变速驱动桥挡位信号电路,出现变速器控制 ECU 的车身电气网络(BEAN)通信故障、ECU 点火开关供电断开故障和 ECU 故障,应检修线束或连接器、变速器控制 ECU、HV-ECU 和电源控制 ECU。出现 P 挡(PPOS)信号逻辑矛盾、P 挡(PPOS)信号电路 GND 短路、P 挡(PPOS)信号电路 +B 短路和 P 挡(PPOS)信号故障(输出脉冲异常)时,应检修线束或连接器、变速器控制 ECU、HV-ECU 和电源控制 ECU。

检查 HV-ECU 连接器端子 PCON(H3-9)和 GND1(H10-1)、端子 PPOS(H13-10)和 GND1(H10-1)间的电压波形,以检查信号线路 PCON 和 PPOS 是否 +B 短路。如果信号线路中存在 +B 短路,则输出电压保持在 9~14V。如果信号线路正常,则波形如图 5-3-3 所示。

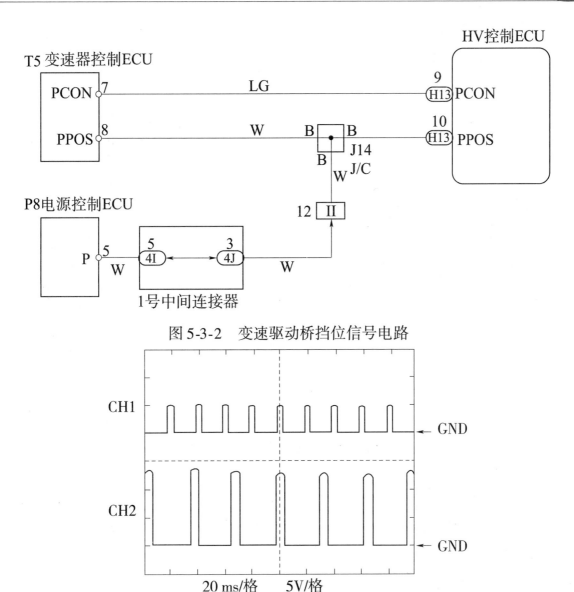

图 5-3-2 变速驱动桥挡位信号电路

图 5-3-3 PCON 和 PPOS 端子波形测量
CH1-PCON 信号波形；CH2-PPOS 信号波形

（二）变速驱动桥挡位传感器检修

如图 5-3-4 所示，换挡控制系统是一种不使用换挡拉索的无线型系统。由挡位传感器和选择传感器两个传感器共同来判别挡位，传感器是霍尔式非触点型的。

换挡杆是点动复位型，当驾驶人换挡后，手从换挡杆松开时，换挡杆通过弹簧的反作用回到主挡位置。换挡杆上包含一个挡位传感器和一个选择传感器，来检测换挡杆的挡位（R、N、D 或 B）。传感器形式为霍尔传感器，可以精确地检测到挡位。每个传感器包含两套位置检测系统,也称为主系统和副系统,主、副系统组成判别自身故障的冗余设计。

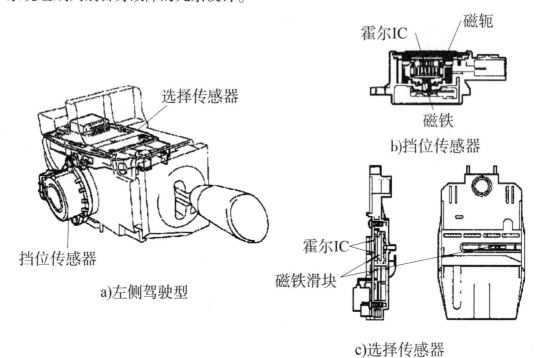

图 5-3-4 挡位传感器和选择传感器位置

1. 挡位传感器

如图 5-3-5 所示,挡位传感器向 HV – ECU 输出变化的电压反映换挡杆的前后运动。该电压随着换挡杆的垂直运动在 0~5V 变化。HV – ECU 认为挡位传感器输入低电压时换挡杆在 D 或 B 挡,中间电压信号时在主挡或 N 挡,高电压时在 R 挡。

2. 选择传感器

选择传感器采用两线电流型传感器,这种传感器的地线既是地线也是信号线,原理是 +B 通过 VC 给霍尔传感器供电 12V,通过 VS,并经过下拉电阻搭铁,信号取自下拉电阻上部,换挡杆的滑动导致霍尔电流发生变化,经放大器放大后从 VS 输出,变化的电流会导致下拉电阻的电压发生变化,这个变化反映了换挡杆位置。

如图 5-3-6 所示,选择传感器向 HV – ECU 输出电压信号,该电压随着换挡杆的水平运动在 0~5V 之间变化。HV – ECU 认为选择传感器低压输入在 B 挡,高压在 R、N 或 D 挡。HV – ECU 根据挡位传感器和选择传感器的信号组合决定换挡杆位置。

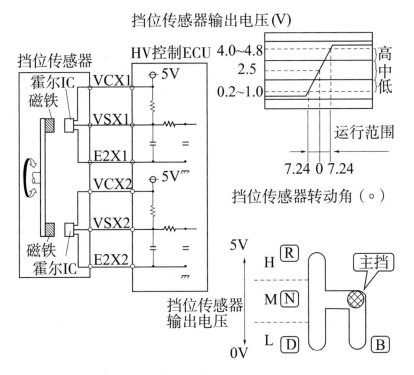

图 5-3-5　挡位传感器电路和信号输出与挡位对应关系

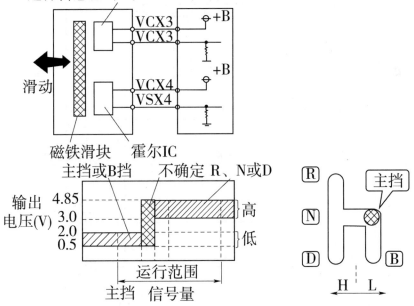

图 5-3-6　挡位选择传感器和挡位与信号对应关系

故障码和故障部位出现挡位主传感器或挡位副传感器电路开路或 GND 短路,或出现挡位主传感器电路 +B 短路,故障可能发生部位在线束或连接器、换挡杆和 HV – ECU。

出现挡位主传感器值和挡位副传感器值间的差大或选择主传感器值和选择副传感器值间的差大时,检修线束或连接器、换挡杆和 HV – ECU。

参考如图 5-3-7 所示的换挡杆水平选挡和垂直换挡传感器电路。

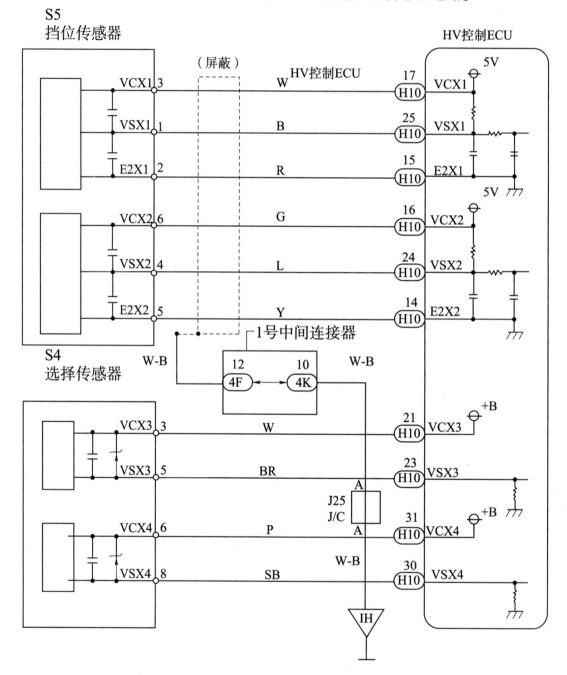

图 5-3-7　换挡杆水平选挡和垂直换挡传感器电路

3. 检查步骤

(1) 读取智能测试仪的值(主挡位传感器和副挡位传感器)

① 将智能测试仪连接到 DLC3。

② 打开电源开关(IG)。

③ 打开智能测试仪。

④ 进入下列菜单:Powertrain/Hybrid Control/Data list。

⑤ 读取主挡位传感器和副挡位传感器电压值,见表 5-3-1。

主挡位传感器和副挡位传感器电压值(单位:V)　　表 5-3-1

挡　　位	主挡位传感器	副挡位传感器
R 挡	4.0 ~ 4.8	4.0 ~ 4.8
主挡或 N 挡	2.0 ~ 3.0	2.0 ~ 3.0
D 挡或 B 挡	0.2 ~ 1.0	0.2 ~ 1.0

(2) 检查挡位开关供电。

① 断开挡位传感器连接器;

② 打开电源开关(IG);

③ 测量挡位传感器连接器端子间的电压。

挡位传感器供电标准电压为 4.5 ~ 5.5V,选择传感器供电标准电压为 9 ~ 14V。

(三)驻车挡/空挡开关

1. 简述

与传统换挡杆的驻车挡不同,P 挡开关由换挡杆上部独立控制。开关为点动复位开关。P 挡开关包含电阻器 R_1 和 R_2,当 P 挡开关没有按下时,开关提供 R_1 和 R_2 两串联电阻;当 P 挡开关按下时,开关只提供 R_1 电阻。VECU 的 P1 端子上的电压随着开关电阻的变化而改变。HV - ECU 根据这个信号,控制变速驱动桥内部电动机转动,电动机的高速转动经减速机构减速后再锁止行星排的内齿圈,实现 P 挡锁止驱动轮的操作,操作时会有明显的电动机工作噪声。

2. 故障码和故障部位

出现 P 挡开关电路对 GND 短路,P 挡开关电路开路或 +B 短路时,要检修线束或连接器、P 挡开关和 HV - ECU。

3. P 挡开关检修

电阻检查如图 5-3-8 所示,测量 4 和 3 脚电阻。因为 $R_1 = 3900\Omega$,$R_2 = 680\Omega$,所以按下 R_2 的旁路开关时,仅为电阻 R_1,为 680Ω,松开旁路开关测量两个电阻的和为 4580Ω。

注意:不要把 P 挡(驻车挡)和制动系统驻车制动弄混,P 挡是变速器系统,驻车制动是制动系统,P 挡功能为锁止驱动轮,驻车制动为制动后轮。

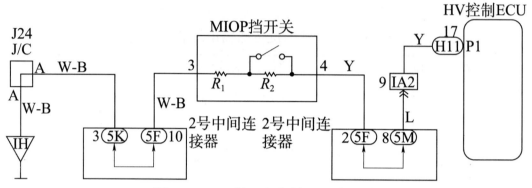

图 5-3-8　P 挡(驻车挡)开关电路

二、实训操作

(一)事前准备

(1)收集资料,确定修理方案。

(2)工具、量具及设备准备。

①丰田卡罗拉混合动力汽车。

②工具准备:

a. 常用工具:世达 100 件工具套装。

b. 绝缘工具:世达 68 件绝缘工具套件。

c. 防护装备:车外三件套、车内三件套。

③个人防护:工作服、手套、工作鞋。

(二)作业内容

以丰田卡罗拉混合动力汽车为例,执行 P 挡开关本体检修作业。

(1)布置车辆防护护垫、转向盘套、脚垫、变速器操纵杆套等保护用品。

(2)拆下 P 挡开关。

(3)不操作开关,测量P挡开关3号脚和4号脚之间电阻。

(4)按下开关,测量P挡开关3号脚和4号脚之间电阻。

(5)将开关复位。

(6)将车辆复位。

三、评价与反馈

班　级		姓　名		学　号		日　期	
课题五　混合动力汽车变速驱动桥的检修							
一、相关知识 1.变速驱动桥挡位信号电路是怎样的? 2.在不同挡位时挡位传感器的信号电压如何变化? 二、评价反馈 1.学生自我评价该课题的完成情况: 2.学生建议(含对教师的评价、要求及教学建议等):							
成绩评定				教师			

四、知识拓展

(1)丰田卡罗拉混合动力汽车挡位开关的故障类型有哪些?

(2)丰田卡罗拉混合动力汽车换挡的工作原理是怎样的?

参 考 文 献

[1] 许兰贵.车辆变速器及驱动桥设计[M].北京:中国水利水电出版社,2018.

[2] 王会明.汽车手动变速器与驱动桥系统检修一体化项目教程[M].上海:上海交通大学出版社,2011.

[3] 上海通用汽车有限公司.汽车手动变速器与驱动桥及检修[M].北京:高等教育出版社,2016.

[4] 卢德胜.李卫.新能源汽车底盘构造与维修[M].上海:上海科学普及出版社,2018.

[5] 王旭斌.王顺利.新能源汽车底盘构造与检修[M].北京:高等教育出版社,2019.